Iwan-David Herstatt

Die Vernichtung

Bankier Iwan-David Herstatt. Porträt von 1963

Iwan-David Herstatt

Die Vernichtung

Glanz und Ende des Kölner Bankhauses
I.-D. Herstatt
oder
Wie ich um mein
Lebenswerk betrogen wurde

edition q

Die Deutsche Bibliothek – CIP-Einheitsaufnahme

Herstatt, Iwan-David:
Die Vernichtung : Glanz und Ende des Kölner Bankhauses
I. D. Herstatt oder wie ich um mein Lebenswerk betrogen wurde /
Iwan-David Herstatt. – Berlin: Ed. q, 1992
ISBN 3-928024-90-6

Lektorat: Dr. Jürgen Schebera

Umschlaggestaltung: Atelier Höpfner-Thoma, München
Gesamtherstellung: Ebner Ulm
Printed in Germany

ISBN 3-928024-90-6

Inhalt

Erstes Kapitel

I. D. Herstatt – Geschichte eines Bankhauses

Das alte Bankhaus (1782–1888)

Die Geschichte des Hauses Herstatt beginnt 1727 in Köln. In diesem Jahr gründete Isaak Herstatt (1697–1761), Nachkomme einer hundert Jahre zuvor aus dem flandrischen Valenciennes vertriebenen Hugenottenfamilie, in Köln eine Seidenweberei. Aus diesem Fabrikgeschäft entwickelte sich ein florierendes Handelshaus, das seit 1782 vom ältesten Sohn, Johann David Herstatt, unter dem Firmennamen J. D. Herstatt weitergeführt wurde und bereits im 18. Jahrhundert bedeutende bankgeschäftliche Aufgaben übernahm. Als Bankhaus erlebte J. D. Herstatt in der Folgezeit einen bedeutenden Aufstieg.

Über vier Generationen wurde die Führung der Bank nach dem Tode des Vaters auf den jeweils ältesten Sohn übertragen. Dies waren nacheinander

Johann David Herstatt (1740–1809)
Kommerzienrat Friedrich Peter Herstatt (1775–1851)

Geheimer Kommerzienrat	
Johann David Herstatt	(1805–1879)
Friedrich Johann David Herstatt	(1831–1888)

Friedrich Johann David Herstatt, der unerwartet im Alter von 56 Jahren starb, hinterließ nur einen erst dreiviertel Jahr alten Sohn mit dem alten Familiennamen Johann David. Da die Herstatt-Söhne in den verantwortungsvollen Beruf des Privatbankiers stets durch die Väter eingeführt wurden, bis sie das Bankgeschäft in eigenem Namen und auf eigene Rechnung übernehmen konnten, wurde 1888 in der Familie der Entschluß gefaßt, das Bankhaus J. D. Herstatt auf das verwandtschaftlich nahestehende und befreundete Bankhaus J. H. Stein zu übertragen. Der in vier Generationen zu hohem Ansehen gelangte Name J. D. Herstatt fiel so vorübergehend der Treue zu einem Familien- und Geschäftsprinzip zum Opfer.

Wenn auch der Firmenname erlosch, das Traditionsbewußtsein der Bankiersfamilie Herstatt war damit keineswegs verlorengegangen. Auch der junge Johann David, genannt Iwan Herstatt, strebte wieder eine Verwirklichung der Tradition an; sie blieb ihm jedoch versagt, nicht zuletzt infolge der Krisenzeiten in den zwanziger und dreißiger Jahren unseres Jahrhunderts. Als sein Sohn Iwan-D. Herstatt nach fast 25jähriger Tätigkeit in Großbanken Ende 1955 die Privatbank I. D. Herstatt KGaA gründete, knüpfte er bewußt an die Geschichte und Tradition des alten Hauses J. D. Herstatt an.

Das Außergewöhnliche dieser Neugründung wird

erst deutlich, wenn man das Schicksal von Familientraditionen verfolgt. Selten überdauern sie ein Jahrhundert, sei es, sie bilden sich im Bereich der Kunst oder Wissenschaften, oder sie gelangen auf dem Gebiet wirtschaftlichen Tuns zur Blüte. Meist fehlen in der Generationsfolge, wenn diese nicht jäh abbricht, die Kräfte zur Erneuerung und Verwandlung, durch die allein sich bedeutende Traditionen im Wandel der Zeiten behaupten können.

Die Geschichte des Bankwesens verzeichnet bis in die Gegenwart nur wenige Namen von Familien, in denen seit mindestens fünf Generationen die Berufung zum Privatbankier von seiner ältesten bis zur modernsten Prägung lebendig geblieben ist. In Europa bestehen kaum mehr als ein Dutzend Privatbanken von Bedeutung, die im 18. Jahrhundert oder früher entstanden sind und heute noch von Nachkommen der Gründer maßgeblich geleitet werden. Wollte man das neue Bankhaus I. D. Herstatt in diese Reihe der ältesten privaten Finanzinstitute eingliedern, so wäre dies durch die Kontinuität und Stärke des Traditionsbewußtseins der Bankiersfamilie Herstatt gerechtfertigt.

Entstehung und Entfaltung der Kräfte, die den Geschlechtern der Familie Herstatt ihre Lebensaufgabe als eigenständige Bankherren und damit eine Berufung zu unbedingter Selbstverantwortung zuwiesen, lassen sich nicht mehr vollständig nachzeichnen, da fast alles primäre Quellenmaterial, wie z. B. die Geschäftsbücher und Korrespondenzen des alten Bankhauses sowie private Briefe und Aufzeichnungen, verlorengegangen ist. Andere historische Darstellungen und Überlieferungen gestatten es dennoch, ein facettenreiches und farbiges Bild zu entwerfen.

Vier Grundfaktoren erhellen das Verständnis für die Anfänge und den Werdegang des Kölner Bankiergewerbes, im besonderen des Bankhauses Herstatt:

Die dominierenden Charaktereigenschaften der Gründerfamilie Herstatt vermochten sich mit seltener Konstanz in den Generationen durchzusetzen. J. Nicke stellte in seiner 1885 erschienenen Chronik der Familie Herstatt „schlichte Einfachheit, emsiges, rastloses Streben, eisernen Fleiß und unantastbare Rechtlichkeit" bei den Männern dieses Hauses fest. Hierin dürfte die über ein Jahrhundert währende erfolgreiche Führung der alten Herstatt-Bank begründet sein, denn diese Grundeigenschaften statten den Bankier mit einem nicht abwertbaren Eigenkapital aus, das sich sicher verzinst, weil es Vertrauen schafft.

Als zweiter Faktor kann wohl die geschichtsbildende Kraft des historischen Bodens der Stadt Köln angesehen werden. Hier ließen sich die protestantischen Herstatts um 1720 nieder, 70 Jahre vor dem Ende der reichsstädtischen Zeit. Sie fanden trotz anfänglich starker Widerstände nach und nach die volle Entfaltung ihrer Talente. Gemeinsam mit den schon längst ansässigen Schaaffhausens und den 70 bzw. 80 Jahre später zugewanderten protestantischen Steins aus Mannheim und der jüdischen Familie Oppenheim aus Bonn begründeten sie das Kölner Privatbankgewerbe. Diesem fiel vom zweiten Viertel des 19. Jahrhunderts an eine führende Rolle nicht nur bei der Industrialisierung der deutschen Volkswirtschaft, sondern auch im Entwicklungsprozeß des europäischen Bankwesens zu.

Köln, das bereits im frühen Mittelalter Handels- und Finanzzentrum des nördlich der Alpen gelegenen Teils Europas gewesen war, wurde für die vier Bankiersfamilien und später für die Familien Seydlitz und Merkens, Camphausen, Deichmann und Eltzbacher fruchtbarster Boden. Diese Anziehungskraft besaßen damals z. B. auch Frankfurt für die Rothschilds, Bethmanns, Grunelius', Haucks und Metzlers, und später Paris für die Haute Banque, die Familien Hottinger, Mallet, Verne, de Neuflize, Lazard und Worms, die teilweise ihre erste Entfaltung zuvor an dem bedeutsamen Genfer Platz gefunden hatten.

Die Dynamik der Entwicklung wird durch den dritten Faktor begreiflich: die schöpferische Vitalität, mit der die Kölner Bankiers den großen wirtschaftlichen Veränderungen ihrer Zeit begegneten und die wechselvollen Ansprüche der Wirtschaftsgeschichte beantworteten. Schon im 18. Jahrhundert war durch eine unbeugsame konfessionelle Haltung ihr Behauptungswille, aber auch ihr Streben, sich durch hervorragende Leistungen anzupassen, gewachsen. Umso mehr verfügten sie später über die vitalen Fähigkeiten, den Wandel vom Wechselbankier kleineren Formats zum Universalbankier zu vollziehen und dadurch die industrielle Revolution zu fördern.

Schließlich war die Solidarität des Kölner Bankierstandes kennzeichnend für diese Zeit des über die Landesgrenzen wirkenden Durchbruchs zum Bankwesen im modernen Sinne. Sie blieb bis in die Krisenjahre der Gründerzeit erhalten und ermöglichte erst die zukunftweisenden Gründungen und Finanzierungen von Versicherungsunternehmen, Eisenbahn- und Schiffahrtsgesellschaften, von Aktiengesellschaften in der Bergbau- und Hüttenindustrie, im Maschinenbau und in der chemischen Industrie sowie die Gründungen von Aktienbanken, auf die das heutige Großbankwesen unmittelbar zurückgeht. Das Kölner Bankenkonsortium hatte im zweiten und dritten Viertel des vorigen Jahrhunderts für die in- und ausländische Industriefinanzierung eine ähnliche Bedeutung wie das Rothschildkonsortium für die europäischen Staatsfinanzen. Es sei schon jetzt bemerkt, daß die Herstatts, die in der ersten Zeit unter den Kölner Instituten die größere Kapitalkraft besaßen und vorübergehend eine Führungsrolle innehatten, bei allen gemeinsamen Neugründungen, Emissionen, Fusionen und Sanierungen besonders abwägend waren. Sie zogen gegenüber den stürmischen, stets von neuen Ideen und Plänen beherrschten Konsortien die Risiken nüchtern in Rechnung. Diese abwägende Art war Ausdruck einer äußerst soliden Geschäftshandhabung, die später geradezu sprichwörtlich werden sollte. Dauerhaftes Ansehen einer Privatbank bildet sich nicht allein im vagen Raum persönlicher Sympathien, gesellschaftlichen Prestiges oder gar architektonischer Repräsentation, auch nicht durch wachsende Kapital- und Bilanzzahlen; entscheidend ist die Beharrlichkeit, mit der sich solide Geschäftspraxis bei den Inhabern und Leitern einer Bank Generationen hindurch zu halten vermag. Daß eine konstante Solidität nicht gleichzusetzen ist mit Konservatismus, wie meist angenommen wird, sondern praktische Fortschrittlichkeit sogar bedingt, sei später dargelegt.

Die Vorgeschichte des Bankhauses Herstatt zeigt bereits Merkmale kaufmännischen Unternehmertums. Nach handschriftlichen Aufzeichnungen war der Stammvater Hubert Herstatt (1596–1678) in Eschweiler bei Aachen als „Fabriquant" wohnhaft gewesen. Er hatte als Reformierter seine Heimatstadt, das damals niederländische, heute französische Valenciennes, verlassen müssen und fand nach einer Zwischenstation im Kanton Limburg vermutlich zunächst in Aachen Aufnahme. Um jene Zeit kam eine größere Zahl von Reformierten in die damalige Freie Reichsstadt Aachen. Sie erlangten sogar im Rate der Stadt ein solches Übergewicht, daß sie sich vorübergehend des Regiments bemächtigten. Der Achtbann des Kaisers wurde 1614 vom spanischen General Spinola mit großer Strenge vollstreckt, so daß viele Reformierte in das Herzogtum Jülich flüchteten, wo sich kleinere Reformierten-Gemeinden halten konnten. J. Nicke, dessen Darstellung in der erwähnten Familienchronik wir hier folgen, stellt fest, daß die Familie Herstatt in Eschweiler die ersehnte Ruhe fand.

Nach der Vermählung von Hubert Herstatt mit Maria Remeys aus Aachen verblieben die meisten Nachkommen bis in die dritte Generation in Eschweiler. Kennzeichnend für diese Zeit ist der große Ernst, mit dem die Angehörigen des Hauses Herstatt zu ihrem Bekenntnis standen. Sie haben lange Zeit hindurch in der Geschichte der Reformierten in Eschweiler eine hervorragende Stelle eingenommen.

Das bürgerliche Ansehen und die geschäftliche Stellung der Familie Herstatt müssen in dieser Zeit schon bedeutend gewesen sein. Dies beweist auch die Tatsache, daß sich die Söhne und Töchter durch Heirat mit angesehenen reformierten Familien der näheren und weiteren Umgebung verbinden konnten. Es seien hier nur genannt die Familien Schombarth und Nierstraß aus Eschweiler, Peltzer aus Stolberg, die aus Zürich stammende, heute noch in Düren lebende Familie Hoesch, Steinberg aus Düsseldorf und Welter aus Köln.

Die Vermählung der Enkelin des Stammvaters, der Katharina Mintha Herstatt, mit dem Kaufmann und Fabrikanten Peter David Welter im Jahre 1713 in Köln sollte für die Zukunft der Herstatts eine entscheidende Bedeutung erlangen. Peter David Welter nahm sich noch im gleichen Jahr des sechzehnjährigen Schwagers Isaak Herstatt an, der zum Stammvater der allein noch blühenden Kölner Linie wurde. Nachdem Isaak 1712 in Elberfeld Französisch gelernt hatte, ging er auf Empfehlung seines Schwagers in den nächsten sechs Jahren nach Halle und Frankfurt und erhielt in angesehenen Handelshäusern eine vielseitige kaufmännische Ausbildung. Diese Zeit war für Isaak Herstatt wohl sehr entscheidend, denn damals fühlte sich der Lehrherr noch verantwortlich für die Persönlichkeitsbildung der ihm anvertrauten jungen Menschen.

Anfang 1720 kehrte Isaak zurück in seine niederrheinische Heimat und trat in das Geschäft seines

Schwagers in Köln ein. Bereits drei Jahre später wurde er Kompagnon des Welterschen Geschäfts. Durch überragende Tüchtigkeit gelang es ihm, bis 1727 die Voraussetzungen für die Gründung einer eigenen Seiden- und Florettbandfabrik zu schaffen.

Für einen nichtkatholischen Fremden war die Gründung eines selbständigen Geschäftes in Köln mit großen Schwierigkeiten verbunden. Die Verfassung der Freien Reichsstadt Köln ging zurück auf eine Zeit, in der die katholische Religion die allein herrschende war. Die Grundlagen bildeten der sogenannte „Verbundbrief", der im Jahre 1396 nach der blutigen Erhebung des Volkes gegen das herrschende Patriziat der Aristokraten den Zünften die größte Macht einräumte und damit eine der ersten demokratischen Stadtverfassungen in Europa schuf, und der „Transfixbrief" von 1513, durch den eine Günstlingswirtschaft des Rates vermieden werden sollte und die Stellung der Zünfte und Gaffeln wesentlich verstärkt wurde.

Zwar hatte vor allem der Transfixbrief die Unantastbarkeit der persönlichen Freiheit garantiert, jedoch blieb sie in der nachreformatorischen Zeit praktisch beschränkt auf die Katholiken der Stadt. Der tolerante Geist, der sich noch lange nach der Römerzeit, als in Köln neben römischen auch ägyptische, griechische, persische und irische Gottheiten verehrt wurden, wohl bis in die fränkische Zeit hinein halten konnte, wurde erst in der Periode der Aufklärung allmählich wieder lebendig. Bis zur Besetzung Kölns durch die französische Okkupationsarmee bzw. noch wenige Jahre danach war die Erlangung des Bürgerrechts und die Aufnahme in eine Zunft an die Bedingung geknüpft, daß der Betreffende sich zum katholischen Glauben bekannte. Ferner durften Protestanten und Juden in Köln keine Immobilien erwerben.

Angesichts dieser verfassungsmäßigen Beschränkung ist es überraschend, daß Isaak Herstatt die Genehmigung zur Errichtung einer eigenen Fabrik sowie eines eigenen Handelshauses erhalten hat. Es gibt aus dieser Zeit jedoch mehrere Beispiele für die Duldung Reformierter in Köln, wo das Wirtschaftsleben nicht mehr so florierte wie in früheren Zeiten. Der Zuzug von vertriebenen Protestanten, deren Gewerbefleiß meist vorbildlich war, kam selbst den Zünften nicht ungelegen.

Über die Entwicklung der Seiden- und Florettbandfabrik ist kaum etwas bekannt, jedoch muß der nach dem Verlagssystem organisierte Betrieb einen für die damalige Zeit bemerkenswerten Umfang angenommen haben, denn es wird berichtet, daß Isaak Herstatt die Messen in Leipzig, Frankfurt am Main, Frankfurt an der Oder und Braunschweig regelmäßig mit größeren Posten von Florett- und Seidenbändern beschickte. Er beteiligte sich auch an Lieferungen für die preußische Armee.

Im Gründungsjahr seiner Firma verheiratete sich Isaak Herstatt mit Gertrud Lomberg aus dem rechtsrheinischen Langenberg. Zunächst wohnten sie im Hause Peter David Welters, das „auf der Bach", später Blaubach Nr. 30, lag. Die Geschäftsräume verlegte Isaak Herstatt schon bald nach der Hohe Pforte Nr. 9,

Johann David Herstatt (1740–1809), der Begründer des alten Bankhauses Herstatt

wohin er auch später mit seiner Familie übersiedelte. Bis 1749 gebar seine Frau Gertrud dreizehn Kinder, darunter neun Söhne, von denen nur die vier jüngsten, Johann David (1740–1809), Johann Jakob (1743–1811), Christoph (1744–1816) und Johann Peter (1749–1822), den Vater überlebten. Nach dem Tode des Vaters 1761, dem die Mutter ein Jahr später folgte, führte der 20jährige Johann David unter Mitwirkung seines wenig jüngeren Bruders Johann Jakob den Betrieb weiter. Der Firmenname Isaak Herstatt wurde 1779 in Gebr. Herstatt umgewandelt. Ab 1782 aber leitete dann Johann David Herstatt die Firma allein und gab ihr den Namen J. D. Herstatt, der unverändert beibehalten worden ist.

A. Krüger, dessen 1925 erschienenes Buch „Das Kölner Bankiergewerbe vom Ende des 18. Jahrhunderts bis 1875" als einzige Quelle für die weitere Entwicklung des Hauses J. D. Herstatt zur Verfügung steht, berichtet über die Seidenfabrik, die in den siebziger Jahren ihre höchste Blüte erreichte: „Sie beschäftigte damals nicht weniger als 30 Meister des Posamentieramtes mit über 200 Webstühlen. Dieser Betriebsumfang ließ sich jedoch im folgenden Jahrzehnt nicht mehr aufrechterhalten. Einmal führte das auf Entwicklungshemmnisse zurück, deren Wurzeln in der konservativen Einstellung der die reichsstädtische Wirtschaftspolitik bestimmenden Zünfte (insbesondere in der schroffen Ablehnung produktionstechnischer Neuerungen, wodurch die Wettbewerbskraft der heimischen Unternehmungen untergraben wurde) zu suchen waren. Außerdem hatten die Herstatts immer härter unter Anfeindungen und Schikanen sowohl seitens katholischer Händler und Fabrikanten als auch seitens des Posamentieramtes zu leiden."

So kam es, daß Johann David Herstatt, als er den Betrieb für alleinige Rechnung und in eigenem Namen weiterführte, mit kaum mehr als 100 Webstühlen begann. Mit unternehmerischer Phantasie wußte er dieser Situation zu begegnen. Er erweiterte „unter dem Eindruck der von Jahr zu Jahr ungünstigeren Lage der Bandfabrik seinen Wirkungskreis durch planmäßige Übernahme bankgeschäftlicher Funktionen. Mittel hierfür setzte der zunehmende Produktionsrückgang der Fabrik reichlich frei, da der in hochwertigem Rohstoff festzulegende Teil des Betriebskapitals sich entsprechend verringerte. Es konnte ferner von vornherein mit einem entwicklungsfähigen, in den verschiedensten Wirtschaftszweigen wurzelnden Kundenstamm gerechnet werden, war doch das Haus nach und nach in enge Fühlung zu einem großen Teil angesehener Industrie- und Kaufmannsgeschlechter getreten. Dazu gehörten Namen wie von der Leyen, Heidweiler, von den Westen, Schleicher, von Asten, Peill, Hoesch, Schombarth, Nierstraß, Peltzer, Schöller und Brügelmann. Daß der neue Geschäftszweig rasch an Bedeutung gewann, bekräftigte die Tatsache, daß J. D. Herstatt sowohl in einem Ratsprotokoll vom 27. Januar 1792 als auch in Ratsakten aus dem Jahre 1793 ausdrücklich als Bankier bezeichnet wird.

Die Herstellung von Seiden- und Florettband

wurde noch in bescheidenem Ausmaß weiterhin beibehalten. Erst in der französischen Zeit, als der Wettbewerb der hochentwickelten Seidenindustrie von Lyon, Valenciennes und anderen Städten einer Umstellung auf den französischen Markt entgegentrat und zudem unverhältnismäßig hohe Zollabgaben auf die benötigten Rohstoffe produktionserschwerend wirkten, schritt man zum endgültigen Abbau des Fabrikationsbetriebes; die letzten neun noch laufenden Webstühle wurden 1812 stillgelegt. Damit war jedoch nicht der Übergang zu ungeteilter Einstellung auf bankgeschäftliche Wirksamkeit vollzogen, sondern man verband diese in Übereinstimmung mit der allgemeinen Tendenz mit Warenspedition und -kommission; eine Kombination, die für das Haus erst mit dem Ende der Reichsfreiheit Kölns und der alten wirtschaftlichen und sozialen Bindungen ermöglicht wurde, die dann aber, wie u. a. aus überlieferten Schiffsladelisten hervorgeht, „noch bis weit in die 1830er Jahre hinein fortbestanden hat." (Krüger)

Die Umstellung auf eine überwiegend bankgeschäftliche Tätigkeit setzt eine zielstrebige, zukunftsgewandte Persönlichkeit mit großem Anpassungsvermögen voraus. Über die Lehrjahre des jungen Johann David ist nichts bekannt. Fest steht nur, daß er beim Eintritt in das dritte Lebensjahrzehnt durch den Tod seines Vaters gezwungen war, die Geschicke des Hauses in die Hand zu nehmen. Sein jüngerer Bruder Johann Jakob, der später seine eigenen Wege ging und eine Weinhandlung errichtete, mag ihm tatkräftig zur Seite gestanden haben. Die Verantwortung für

Das Salm'sche Palais, Blaubach 30, war von 1727 bis 1758 Wohnstätte der Familie Herstatt in Köln. Das Gebäude wurde 1893 abgebrochen.

das stark expandierende Fabrikgeschäft jedoch lastete auf Johann Davids Schultern. Die väterliche Führung bei der Heranbildung zum selbstverantwortlichen Kaufmann und Fabrikanten war nur von kurzer Dauer; sicherlich aber hatte Isaak, der längst über den für einen aufstrebenden Unternehmer beengten Wirkungskreis seiner Heimatstadt Eschweiler hinausgewachsen war und sich in die weltoffene Kaufmannstradition der Rheinmetropole hineingefunden hatte, seinem Sohn solide Grundlagen für dessen Lebensaufgabe vermitteln können.

Als ein Zeichen für das Ansehen, das Johann David offenbar schon in früheren Jahren genoß, mag die 1764 erfolgte Vermählung mit Adelaide von der Leyen aus einer einflußreichen und damals führenden rheinischen Textilfabrikantenfamilie zu Krefeld gewertet werden. Mit der Familie von der Leyen bestanden schon zu Lebzeiten des Vaters enge geschäftliche Beziehungen, die sich durch diese und weitere Heiraten zwischen den beiden Häusern noch festigten. Es ist anzunehmen, daß der junge Fabrikant Herstatt zuweilen in Krefeld im Hause von der Leyen, in dem ebenfalls ein ausgeprägter Familiensinn herrschte, geschäftlichen Rat einholen konnte. Die hohe Achtung, in der die hervorragende Krefelder Mennoniten-Familie stand, wird dadurch deutlich, daß der Preußenkönig Friedrich II. während des Siebenjährigen Krieges bei ihr Quartier nahm und es dem Kommerzienrat Friedrich von der Leyen gelang, den König zur Einrichtung einer regelmäßigen Post zwischen Krefeld und Berlin zu bewegen. Anderer-

Gebäude des alten Bankhauses Herstatt in Köln, Hohe Pforte 25–27. Hier wurden 106 Jahre lang die Geschäfte des Unternehmens betrieben, von 1782 bis 1888.

seits blieb er standhaft gegenüber dem Preußenkönig, der die von der Leyens auf eine Verlagerung Krefelder Seidenwebereien in die Mark Brandenburg drängte. Keine noch so großzügige Förderung konnte damals die niederrheinischen Unternehmer dazu bewegen, ihr Gebiet zu verlassen, das im 18. Jahrhundert in Mitteleuropa am dichtesten besiedelt und in der Textilfabrikation und im Metallgewerbe am stärksten industrialisiert war.

Wie kam es nun dazu, daß Johann David Herstatt bankgeschäftliche Aufgaben übernahm, da er doch als Industrieller und erfahrener Handelskaufmann bereits in sein fünftes Lebensjahrzehnt trat?

Als Protestant blieben ihm in Köln nur wenig berufliche Ausweichmöglichkeiten, nachdem er wegen konfessioneller Intrigen und angesichts der Einstellung der Zünfte gegen Großbetriebe erster kapitalistischer Prägung seine Textilfabrik bis zur Unwirtschaftlichkeit verkleinern mußte. Es lag deshalb nahe, allmählich in das zunftfreie Gewerbe des Bankiers überzuwechseln. Hierzu mögen ihn aber auch seine einflußreichen Glaubensbrüder, die Bankiers Peltzer und von Recklinghausen, überredet haben, die wie sein Vater eine führende Rolle im Kölner Konsistorium spielten. Die Peltzers stammten aus dem Eschweiler benachbarten Stolberg, wo in den dreißiger Jahren zwei Söhne Herstatt-Töchter geehelicht hatten. Die Familie von Recklinghausen war um die Jahrhundertwende ebenfalls in Eschweiler anzutreffen. Zudem hatte der Bankier A. von Recklinghausen bei der Taufe von Johann David Herstatt den Paten

Peter David Welter vertreten. Ferner könnte Johann David von Wilhelm Johann von Wecus beeinflußt worden sein, der im Kölner Adreßbuch von 1797 als „Rathsverwandter, Stimmeister, Rathsrichter und Kriegs-Commissarius, Pulver-Fabrikant, Spediteur", aber auch als „Wechselbanquier" aufgeführt ist, und der Besitzer des ersten Kölner Wohnhauses der Familie Herstatt auf der Hohen Pforte war.

In den Annalen werden die beiden erstgenannten Bankiers neben den Häusern von Meinerzhagen, von Hack und von Frantz zu den kurfürstlichen Hofbankiers des 18. Jahrhunderts gezählt, welche die über ein halbes Jahrtausend alte Kölner Finanztradition fortführten. Über die Kölner Finanzgeschichte und die Rolle der Hofbankiers schreibt Krüger in dem erwähnten Buch:

„Auf der Höhe des Mittelalters war Alt-Köln, gestützt auf die unverwüstlichen Vorteile seiner wirtschaftsgeographischen Lage, zu einem bedeutsamen Brennpunkt im nordwesteuropäischen Kreislauf des internationalen Güteraustausches emporgestiegen. Es war die Zeit, da die Reichsstadt ein gewichtiges Wort sowohl bei der Entstehung und Organisation als auch bei der Machtentfaltung der zwischenstädtischen Welthandelsgemeinschaft der deutschen Hanse sprach, die Zeit, da – wie ein angesehener Kölner Wirtschaftspraktiker (Schüll) sich um 1800 äußerte – ‚Kölns Halbmond unter den ersten Gestirnen der Handelssphäre glänzte.'

Der blühende Warenhandel ließ damals beträchtliche Kapitalhäufungen innerhalb der reichsstädtischen Mauern erstehen, die früh, und zeitweilig in breitem Strom, den Weg in die Kanäle bankgeschäftlicher Betätigung fanden. Jenes Bankgeschäft wurde bei den bescheidenen Anforderungen der herrschenden Wirtschaftsordnung durchaus bestimmt und getragen von der Anspruchsfülle und Vielseitigkeit öffentlicher, voran staatlicher Finanzgebarung. Auf diesem Arbeitsfeld wußte der Kölner Warenkaufmann und Bankier nachweislich bereits im 13. und 14. Jahrhundert, also lange vor dem Aufstieg der oberdeutschen Finanzmächte der Fugger und Welser, auf Grund seiner weitgedehnten und einflußreichen Wirtschaftsbeziehungen eine führende Stellung hinsichtlich des nordwesteuropäischen Anleihemarktes zu erringen. Neben der Finanzierung des westdeutschen, niederländischen und skandinavischen hat er insbesondere für geraume Zeit die des englischen Staatskredits getätigt und sogar beherrscht. Die Verpfändung von Kronjuwelen* und die Abtretung von Zolleinkünften, die Erteilung wertvoller Handelsprivilegien und die starke Einflußnahme der Kreditgeber auf den englischen Metallbergbau beleuchten die Tragweite jener Finanzgeschäfte.

Seit dem Ende des Mittelalters setzte dann der Verfall der wirtschaftlichen Blüte Kölns ein. Die durch die überseeischen Entdeckungen eingeleiteten weltwirtschaftlichen Schwergewichtsverschiebungen von

* König Edward III. verpfändete um 1337 seine und seiner Königin Krone an des „Kaisers Leute" vom Rhein, um beide erst 1346 wieder einzulösen.

den europäischen Gewässern nach den großen Ozeanen, einhergehend mit der zunehmenden wirtschaftlichen Verselbständigung und politischen Erstarkung der hanseatischen Interessengebiete, brachen, unterstützt durch innere Zwietracht in jenem Bunde, dessen Macht und untergruben zugleich die betonte Handelsstellung Kölns. Mit ihren der Rheinstadt zum Teil vorgelagerten Seehäfen traten die auf kolonialen Grundlagen im tropischen Asien und der neuen Welt fußenden, kraftvoll aufstrebenden west- und nordwesteuropäischen Volkswirtschaften als Mittler zwischen Welt- und kontinentalem Binnenmarkt auf und bevormundeten die ehedem weltwirtschaftlich selbständige Reichsstadt. Der hierdurch verursacht wirtschaftliche Stillstand und Rückgang wurde gefördert und konserviert durch die fast gleichzeitige Verlegung des wirtschaftlichen Schwergewichts Deutschlands vom Westen nach dem ursprünglich kolonialen Osten, durch die staatspolitischen Gestaltungen der neueren Zeit, die immer ärger ins Kraut schießende, territoriale Zersplitterung im Reiche mit ihren wirtschaftlich lähmenden Rückwirkungen, die lokalen Fehden und europäischen Kriege, die vorzugsweise in den Rheinlanden ausgetragen wurden, und endlich durch die Entartungen in der inneren reichsstädtischen Wirtschaftspolitik.

All das verfehlte nicht seinen Einfluß auf die Stellung Kölns als Finanzplatz. Von dem hervorragenden Anteil an der Beherrschung des Kapitalmarktes büßte das Bankgeschäft in der Folge unter dem übermächtig werdenden Wettbewerb neugekräftigter Mittelpunkte für die Befriedigung des finanziellen Staatsbedarfs in erheblichem Maße zu deren Gunsten ein. Das Erbe fiel über Augsburg, Lyon, Antwerpen hinweg im 17. Jahrhundert schließlich Amsterdam zu. Allerdings blieb das Kölner Finanzkapital noch stark und einfußreich genug, um nicht gänzlich vom Markt verdrängt zu werden. Nur schrumpfte sein Aktionsradius auf die umliegenden Gebiete des deutsch-kleinstaatlichen Auslands zusammen, denen gegenüber es sich jedoch eine beachtenswerte Rolle zu erhalten vermochte.

Das Kölner Bankkapital des 18. Jahrhunderts folgte den Spuren der geschilderten Überlieferung. Es pflegte insbesondere rege Beziehungen zu den an chronischer Geldverlegenheit leidenden Rheinstaaten Kurköln und Jülich-Berg sowie dem niederrheinischen Adel. Auch gewann es Fühlung mit anderen Territorien der westdeutschen Grenzmark, wie Kurtrier und Preußen, das in Cleve-Mark Fuß gefaßt hatte. Diese Beziehungen scheinen sich jedoch auf solche beschränkt zu haben, die dem Zahlungsverkehr der letztgenannten Staaten entsprangen. Dagegen wurde der reichsstädtische Bankier von Kurköln und Jülich-Berg nach wie vor für teils kurz-, teils langfristige Kreditgeschäfte weitgehend herangezogen. Des öfteren nahm deren finanzieller Bedarf infolge zahlreicher Kriegsverwicklungen – spanischer und österreichischer Erbfolgekrieg, Siebenjähriger Krieg –, von Landkäufen, wachsenden Verwaltungsausgaben und ungebührlich gesteigerten Ansprüchen ihres in Prachtentfaltung vielfach wenig sparsamen

Hoflebens ungewöhnliche Ausmaße an, die in keinem Verhältnis zur Ergiebigkeit der regelrechten Landeseinkünfte standen. Die gewährten Kredite kletterten im Einzelfalle nicht selten auf Beträge bis 200.000 Reichstaler, und man sorgte sich bei entstehenden Differenzen, ein gütliches Einvernehmen mit den Kölner ‚Hof'-Bankiers zu erzielen.

Bei den ausgesprochen langfristigen Kreditgeschäften, die sich in der Regel in die Form der persönlichen Generalobligation der Fürsten kleideten, sind den Kölner Bankiers zur dinglichen Sicherstellung ihrer Forderungen noch Landesgefälle, Juwelen und Kostbarkeiten ‚specialiter verhypothesiert und verschrieben' worden. Die Mehrzahl der gewährten Kredite waren allerdings reine Personal-, und zwar Wechselkredite. Das erklärte sich vor allem aus den durchweg engen persönlichen Beziehungen, die sich zwischen den Kölner Bankiers und den Höfen entwikkelten. Sie waren als Hofbankiers und Hofagenten Vertraute der Fürsten, wurden kurfürstliche Pfennigmeister und selbst Hofräte.

An die Kreditgeschäfte mit den Rheinstaaten reihten sich, vielfach mit ihnen verbunden, diejenigen Geschäfte, die sich aus dem laufenden Zahlungsverkehr der fürstlichen Kassen ergaben. Dieser Zahlungsverkehr bewegte sich in großem Maßstabe durch die Kontore der Kölner Hofbankiers. Sie besorgten die Einziehung von Landeseinkünften, ihre Auszahlung gegen Wechsel und Assignationen, sodann den Überweisungsverkehr zwischen kurfürstlichen Generalkassen und denen anderer geistlicher und weltlicher Herren, die Vermittlung und Auszahlung von Subsidien und Bestechungssummen, von ‚Konkurrenz- und Militärgeldern', endlich die Umwandlung von Bareingängen in die jeweils benötigten Münzsorten.

Jene kurfürstlichen Hofbankiers – die Häuser von Meinerzhagen, von Hack, Peltzer, von Frantz und von Recklinghausen – erhielten der Reichsstadt bis zum Ablauf des Siebenjähriges Krieges ihre Eigenschaft als hauptsächliche Hilfsquelle für die rheinischen Staatsfinanzen. In Anerkennung dieser Eigenschaft entschloß sich auch Jülich-Berg, bei der Errichtung seiner Staatsbank im Jahre 1706 – des ‚banco di gyro d'affrancatione' – nicht die damalige Landesstadt Düsseldorf, sondern das ausländische Köln als deren Sitz zu wählen."

Neben den Bankiers Meinerzhagen und Hack zählte wohl auch der Bankier Johann Heinrich Sybertz zu den „kurfürstlichen Banconegotianten". Auf Banko-Zetteln, die den Charakter eines Wechselbriefes und wegen der häufigen Girierung und hohen Zirkulation zeitweilig die Natur von Papiergeld besaßen, war „Johann Heinrich Sybertz wohnhaft in Cölln auf der hohen Pforten" als Adresse für die Einlösung angegeben. Der Bankier Sybertz bewohnte in der ersten Hälfte des 18. Jahrhunderts das Haus Hohe Pforte Nr. 25/27 an der Ecke der Sternengasse. In dieses Haus siedelte Johann David Herstatt über, nachdem er sein Geburtshaus Hohe Pforte 9, wahrscheinlich kurz vor der Umbenennung der Firma auf seinen Namen im

Jahre 1782, verlassen hatte. Es ist ein bemerkenswerter Zufall, daß das ständige Domizil des alten Bankhauses J. D. Herstatt bereits zu Beginn des 18. Jahrhunderts Sitz, zumindest aber bedeutende Geschäftsstelle einer kurfürstlichen Depositen- und Zettelbank war.

Als Johann David Herstatt bankgeschäftliche Interessen aufzunehmen begann, kam dem Finanzplatz Köln fast nur noch lokale Bedeutung zu. Nach Beendigung des Reichskrieges gegen Friedrich den Großen von Preußen hatten sich die überschuldeten, in ihren Finanzen zerrütteten Rheinstaaten nach und nach dem durchorganisierten Kapital- und Kreditmarkt Amsterdam und dem ergiebigeren Wechsel- und Anleihemarkt Frankfurt am Main zugewandt. Der Kölner Wirtschaft fehlten im ausgehenden 18. Jahrhundert jegliche Impulse, um eine Kapitalneubildung in Gang zu halten. Sie allein hätte der Reichsstadt die Teilnahme an den sich mächtig entwickelnden staatlichen Effektengeschäften gestattet. Erst in der 1794 beginnenden französischen Zeit verloren die selbstgenügsamen Zünfte ihrer vierhundertjährige wirtschaftspolitische Machtstellung. In dieser wirren Notzeit wurde in Köln manches alte Tabu zerbrochen, das eine fortschrittliche Entfaltung des Wirtschaftslebens jahrzehntelang gehemmt hatte. Gewiß hatte die Einführung der Assignatenwirtschaft – schon in der ersten Woche der Besetzung durch die Revolutionsarmee wurde das Münzgeld als Zahlungsmittel verboten und durch das bereits wertlos gewordene Revolutionsgeld, die Assignaten, ersetzt – in der Kölner

Bürgerschaft zu empfindlichen Vermögensverlusten geführt. Andererseits hatte die Säkularisierung der Güter aus toter Hand sowie die in der Folgezeit einsetzende Veräußerung enteigneten Gebäude- und Grundbesitzes eine mit regem Immobilienhandel verbundene Umschichtung der Vermögensverhältnisse zur Folge. Dieser krasse Eingriff in die Besitzstruktur sollte sich später als eine fruchtbare Befreiung des Kapitals für die einsetzende Industrialisierung erweisen. Auch erfuhr das soziale Gefüge in dieser Zeit grundlegende Veränderungen. In diesem Zusammenhang interessiert hier vor allem die Befreiung nichtkatholischer Bürger von allen bis dahin gültigen persönlichen und beruflichen Beschränkungen. So wurde künftig auch Protestanten das Bürgerrecht verliehen und der Erwerb von Grund- und Hausbesitz gestattet.

Für Johann David Herstatt waren damit erst jetzt die Voraussetzungen für eine volle Entfaltung seiner bankgeschäftlichen Tätigkeit gegeben. Bereits vor der Franzosenzeit hatte er ein hohes Ansehen erlangt. Dem „Altonaischer Mercurius" vom 1. Februar 1793 ist zu entnehmen, daß „der Königl. Agent zu Cöln, Joh. David Herstatt, zum dänischen Residenten daselbst und in den Städten des Niederrheinischen und Westphälischen Kreises, wie auch bey dem Churfürsten von Cöln ernannt worden ist". Diese Ernennung dürfte wohl auch auf die erwähnten guten Beziehungen des Hauses von der Leyen zum preußischen Königshaus zurückzuführen sein.

Für Johann David Herstatt mag diese überregionale königliche Agententätigkeit in der späteren Franzosenzeit von Vorteil gewesen sein. General Hoche hatte 1797 Köln zum Sitz der französischen Niederrheinarmee bestimmt, wodurch die ehemalige Reichsstadt aus ihrer bisherigen Isolierung befreit wurde.

Johann David Herstatt gehörte zu den Persönlichkeiten, deren allgemeine Anerkennung selbst in der Revolutionszeit bestehen blieb. Es ist sonst kaum zu erklären, daß der frühere preußisch-königliche Resident bereits im September 1797 bei der Gründung eines Handlungstribunals von den Kölner Bürgern als Handelsrichter vorgeschlagen und vom französischen Regierungskommissar neben Abraham Schaaffhausen und drei anderen Kaufleuten hierzu auch ernannt wurde. Im gleichen Jahr, und zwar am 8. November, gehörte Johann David auch zu den Mitbegründern des Handlungsvorstandes, aus dem sich 1803 die älteste und auf Jahrzehnte einzige deutsche Handelskammer entwickelte. Von den öffentlichen Ämtern, die Johann David Herstatt bekleidete, ist nur noch seine Tätigkeit als Präfekt des Roer-Departements nach 1802 bekannt.

Für seine Tätigkeit als Bankier gibt es außer der Nennung des Titels in verschiedenen Dokumenten fast keine Zeugnisse. Erwähnt sei hier nur ein Kreditbrief, der einem Schriftwechsel zwischen J. D. Herstatt und dem Rat der Stadt Köln aus dem Jahre 1796 entnommen ist. Kreditbriefe dieser Art waren seit jeher auch im internationalen Verkehr übliche Zahlungsanweisungen. Der Begünstigte konnte sich an einem oder mehreren bestimmten Orten bei gewissen Korrespondenten des betreffenden Bankiers Beträge

Kommerzienrat Friedrich Peter Herstatt (1775–1851)

bis zu einer festgesetzten Höhe gegen Quittung auszahlen lassen. Nach der erwähnten Kreditbrief-Nota hatte der Rat der Stadt Köln bei einem ausländischen Korrespondenten J. D. Herstatts einen Kredit von 300.000 Livres in Assignaten in Anspruch genommen.

Am 2. Januar 1809 starb der Gründer der Bank, Johann David Herstatt. Er wurde auf dem Friedhof Weyertal im Familiengrab seiner Eltern bestattet. Der Grabstein ist bis heute erhalten geblieben und trägt die Namen der ersten beiden Generationen der Kölner Herstatt-Linie. Der älteste Sohn, Friedrich Peter Herstatt, der sich nach seiner Verheiratung mit Friederieka von der Leyen im Jahre 1801 Herstatt-von der Leyen nannte, übernahm die Geschäfte des Bankhauses. Er soll bereits 1800 als Fünfundzwanzigjähriger in das väterliche Bankgeschäft eingetreten sein. Friedrich Peter Herstatt-von der Leyen hat gemeinsam mit seinem Schwager Ludwig Gottfried von den Westen, der von 1798 bis 1824 die Geschäfte der Bank als Teilhaber mitleitete, den raschen Aufstieg des Hauses bewirkt.

Wie sein Vater betrieb Friedrich Peter zur Stärkung der Kapitalkraft mit großem Erfolg die aus der Franzosenherrschaft herrührenden Immobiliengeschäfte. Zu derartigen Geschäften war auch noch reichlich Gelegenheit geboten, nachdem Rheinland und Westfalen 1815 vom Wiener Kongreß der Preußischen Krone zugesprochen wurden. Der preußische Staat nahm aus seinem Domänenbesitz in großem Stil Entschädigungen für Grundbesitzverluste aus der französischen Zeit vor; ein Teil der Entschädigten veräußerte aber sogleich die zugewiesenen Ländereien. Da der Ankauf der Domänen einen großen Umfang annahm und die Veräußerung nur parzellenweise möglich war, erfolgte der lukrative Umsatz der großen Ländereien meist gemeinsam mit A. Schaaffhausen. Es ist noch eine Urkunde vorhanden, in der J. D. Herstatt und A. Schaaffhausen gemeinsam einen Generalbevollmächtigten für diese Grundstückstransaktionen ernannten. Danach ist anzunehmen, daß sich die jungen Bankhäuser aus dem Immobilienhandel auf eigene Rechnung allmählich zurückzogen und ausschließlich eine Finanzierungsfunktion übernahmen.

Über den weiteren Aufbau sowie die spätere Entwicklung der alten Herstatt-Bank sind nahezu keine Originalquellen mehr vorhanden. Alfred Krüger hatte bei der Abfassung seines Buches „Das Kölner Bankiergewerbe vom Ende des 18. Jahrhunderts bis 1875" noch das J. D. Herstatt betreffende Quellenmaterial studieren können, das inzwischen (vor allem im letzten Krieg) verlorengegangen ist. Es sei deshalb im folgenden die Darstellung im Krügerschen Buch zitiert:

„Der Ankauf von Ländereien ist – wenngleich in geringerem Umfange – auch in den zwanziger Jahren fortgesetzt worden, während die Abwicklung all jener Geschäfte sich noch bis ins 4. Jahrzehnt hingezogen hat. Ihre Ergiebigkeit kann nicht stark genug unterstrichen werden. Was der Assignaten-Schwindel, was Kontributionen, außerordentliche Steuern und Zwangsanleihen der Kapitalkraft des Hauses in der französischen Zeit genommen hatten, ließ sich auf diesem Wege reichlich wieder wettmachen. Das Eigenkapital, dessen Höhe nach Kontributionsveranlagungen im Jahre 1796 bereits erheblich über 100.000 Reichstaler gelegen haben muß, belief sich um 1810 nach einer rohen Schätzung der Handelskammer auf rund 1 Million französischer Franken gleich etwa 260.000 Taler.

Die Ausbildung des Bankgeschäfts wurde von J. D. Herstatt in den zwanziger und dreißiger Jahren eifrig durchgeführt. Neben das alte Wechselgeschäft trat immer ausschlaggebender die Kreditgewährung in laufender Rechnung. Sie wurde und blieb in aller Folgezeit das Hauptbetätigungsfeld des Hauses.

Die branchenmäßige Zusammensetzung der Kontokorrent-Kundschaft erfuhr ebenso wie die allgemeine Geschäftsrichtung eine wesentliche Verschiebung. Wie in den beiden ersten Jahrzehnten des Jahrhunderts, so verkörperte J. D. Herstatt auch noch um 1870 das typische Kreditinstitut der mittelständisch gearteten Textilindustrie am linken Niederrhein und im Bergischen Land. Auch Kölner Privatfirmen von bedeutendem Namen, vor allem Felten & Guilleaume und F. W. Brügelmann Söhne, sind unter Herstatts Hilfe herangereift.

Im Bereich der Montanindustrie sind nennenswerte Beziehungen nur zur Hütte ‚Vulkan' bei Duisburg, ab 1856 Vulkan A.-G. für Hüttenbetrieb und Bergbau, und zum Deutsch-Holländischen Aktienverein für Hüttenbetrieb und Bergbau zu Duisburg – Johannishütte angeknüpft worden. Etwas stärker ist

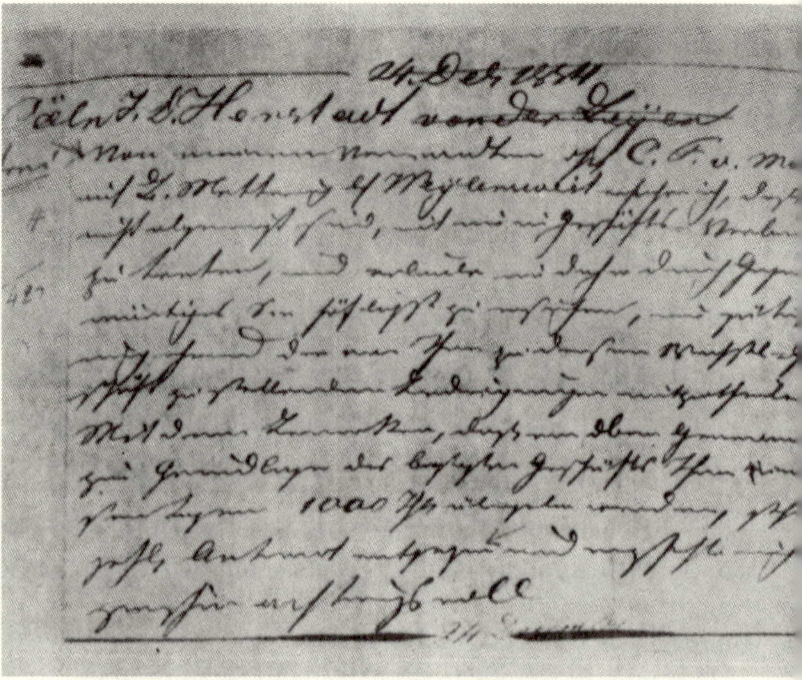

24. Dec. 1834

Cöln J. D. Herstadt von der Leyen

Frühe Geschäftsverbindungen mit der Gußstahlfabrik Krupp in Essen: Brief von Alfred Krupp an das Bankhaus J.-D. Herstatt von der Leyen aus dem Jahre 1834

die heimische eisenverarbeitende Industrie berücksichtigt worden. Friedrich Krupps erster und langehin einziger Bankier war J. D. Herstatt."

Alfred Krupp, der Sohn des Gründers der Firma Fried. Krupp, hatte sich 1834 auf Vermittlung seines Vetters Carl Friedrich von Müller an das Haus J. D. Herstatt zwecks Aufnahme einer Geschäftsverbindung gewandt. Das Bankhaus Herstatt übernahm die Abrechnung, vor allem das Wechselgeschäft, mit süddeutschen Firmen. C. F. von Müller hatte zur Sicherung der Herstatt-Kredite zeitweilig sein Gut Metternich an das Bankhaus verpfändet. 1838 trat Alfred Krupp, mit einem Kreditbrief des Bankhauses Herstatt über 2000 Rubel in der Tasche, eine Reise nach Rußland an. Im Jahre 1842 bewilligte das Bankhaus Herstatt Fried. Krupp einen Kredit von 15.000 Talern, der durch eine Hypothek auf die Gußstahlfabrik abgesichert war. Er wurde 1851, nachdem der Kruppstahl auf der Londoner Weltausstellung im Kristall-Palast Weltruf erlangt hatte, getilgt. Die Bankverbindung mit Herstatt blieb auch später lange bestehen, nachdem von 1849 an auch Sal. Oppenheim & Cie. sowie später der Schaaffhausensche Bankverein Hausbanken von Fried. Krupp wurden.

„Andere Vorkämpfer der modernen Eisenindustrie – Friedrich Harkort, Franz Dinnendahl – haben J. D. Herstatt gleichfalls früh in Anspruch genommen. Dauerhaftere Verbindungen entwickelten sich mit Unternehmen dieses Wirtschaftszweiges auch nur in geringer Zahl. Aus ihrer Reihe verdienen Erwähnung diejenigen mit den Eisen- und Stahlwerken Gebr. Reusch in Hoffnungsthal, Funcke und Elbers in Hagen, Asbeck & Co., später Asbeck, Osthaus, Eicken & Co. in Hagen, endlich E. Böcking & Co. in Mülheim am Rhein.

Die Unterstützung junger Unternehmungen der chemischen Industrie, voran J. W. Weiler bei Köln, die spätere A.-G. Chemische Fabriken vorm. Weiler-ter Meer, Uerdingen, und die Farbwerke Meister Lucius & Brüning zu Höchst am Main, wird auf Anregungen zurückgeführt werden können, die aus der intensiven Pflege der Faserstoffgewerbe und ihrer Nachbargebiete, wie Färberei und Druckerei, entsprangen.

Die Finanzierung großkapitalistischer Wirtschaftseinheiten in Gestalt der Aktiengesellschaften ist im 4. und 5. Jahrzehnt, der Zeit ersten stärkeren Umsichgreifens dieser Unternehmungsform, von J. D. Herstatt mehrfach mitübernommen worden. Unmittelbar schöpferisch, d. h. durch Zugehörigkeit zu Gründungs- und Umwandlungskomitees, trat J. D. Herstatt allerdings nur bei der Entstehung der ersten Eisenbahn- und Versicherungsgesellschaft in Köln sowie der Kölnischen Privatbank hervor. Umfangreicher war die Mitwirkung bei Emissionsgeschäften, wobei Aktien und Obligationen heimischer Verkehrs- und Versicherungsunternehmungen im Vordergrund standen."

Da die Finanzierung von Gründung und Entwicklung

der rheinischen Großunternehmungen die Kapitalkraft der einzelnen Kölner Privatbanken überschritt, fanden sich die vier Kölner Institute J. D. Herstatt, J. H. Stein, A. Schaaffhausen und Sal. Oppenheim jun. & Cie. schon früh zu einem Konsortium zusammen. Bereits 1818 gründeten die vier Banken gemeinsam die Rheinschiffahrts-Assekuranz-Gesellschaft in Köln mit einem Kapital von 750.000 südd. Gulden. Diese Gesellschaft, mit der die große Geschichte der rheinischen Versicherungswirtschaft begann, wurde 1845 in die „Agrippina", Kölnische Transportversicherungs-Gesellschaft umgewandelt und mit einem Aktienkapital von 2.000.000 Talern ausgestattet.

Schwieriger war die Aufbringung des 3.000.000 Taler betragenden Gründungskapitals der „Colonia", Kölnische Feuerversicherungs-Gesellschaft, im Jahre 1839. Der Kapitalmarkt war gerade durch die neue Rheinische Eisenbahn stark beansprucht worden und in eine Baisse-Entwicklung geraten. Da die Subskriptionskraft des Kölner Konsortiums, dem inzwischen das Bankhaus Seydlitz & Merkens beigetreten war, nicht ausreichte, wurden durch Vermittlung von Oppenheim das Pariser und Frankfurter Haus Rothschild hinzugezogen.

J. D. Herstatt hat ferner bei der Gründung der ersten deutschen Rückversicherungsgesellschaft, der Kölnischen Rückversicherungs-Gesellschaft (Aktienkapital 3.000.000 Taler), mitgewirkt sowie ebenfalls bei der Konstituierung der Kölnische Hagelversicherungs-Gesellschaft (Aktienkapital 2.000.000 Taler) im Jahre 1853 gemeinsam mit der zwei Jahre zuvor gegründeten „Concordia", Kölnische Lebensversicherungs-Gesellschaft (Aktienkapital 10.000.000 Taler) und dem um das Kölner Bankhaus A. & L. Camphausen erweiterten Konsortium.

Beim Aufbau der großkapitalistischen Eisenbahnunternehmen haben sich die Kölner Banken, wie ein Historiker schreibt, „durchaus als Urheber, Gründer, Erbauer der verkehrswichtigen Gesellschaften gefühlt, für die sie Einsatzbereitschaft zeigten und Opfer bis zur Gefährdung ihres eigenen Fortbestandes gebracht haben." Von den großen Eisenbahngründungen der dreißiger und vierziger Jahre, die unter Beteiligung von J. D. Herstatt erfolgten, verdienen Erwähnung die Rheinische Eisenbahn-Gesellschaft (Aktienkapital 3.000.000 Taler) 1837, deren Netz sich bei der Verstaatlichung 1880 in weitverzweigter Verästelung von der lothringischen Grenze über ganz Rheinland-Westfalen bis in die Nähe der Nordsee-Häfen erstreckte; die Köln–Mindener Eisenbahn-Gesellschaft (Aktienkapital 13.000.000 Taler) 1843, ferner 1841 die Bonn–Kölner Eisenbahn-Gesellschaft (Aktienkapital 876.000 Taler), 1851 die Köln–Coblenz–Bingener Eisenbahn-Gesellschaft (Aktienkapital 10.500.000 Taler), die Köln–Crefelder Eisenbahn-Gesellschaft (Aktienkapital 1.100.000 Taler) sowie die Rhein–Nahe Eisenbahn Saarbrücken.

Meist blieb es nicht nur bei der Beschaffung und Beteiligung am Gründungskapital, sondern vor allem im Falle der Rheinischen Eisenbahn-Gesellschaft hatte sich das Haus Herstatt gemeinsam mit den anderen Kölner Bankiers für die Unterbringung zahlreicher Kapitalerhöhungen und Anleihen der Unternehmen verwendet. An den großen internationalen Eisenbahn-Finanzierungsgeschäften, die vor allem von Sal. Oppenheim jun. & Cie. sowie vereinzelt auch von Deichmann & Co. getätigt wurden, und die vor allem die verkehrsmäßige Aufschließung Rußlands, Österreich-Ungarns, Italiens sowie Belgiens und Hollands in Gang brachten, hat sich das Haus Herstatt nicht mehr beteiligt. In der zweiten Jahrhunderthälfte zog sich J. D. Herstatt allmählich von den Gründungs- und Plazierungsprojekten zurück.

Auch an der Wiege der Rheinschiffahrt hatte J. D. Herstatt als Pate gestanden. Hier sind die Entstehung der Preußisch-Rheinischen Dampfschiffahrt-Gesellschaft in Köln (Aktienkapital 616.800 Taler) 1825 sowie die Gründung der Kölnischen Dampfschleppschiffahrt-Gesellschaft (Aktienkapital 300.000 Taler) im Jahre 1841 zu nennen.

Auf dem Gebiet der Finanzierung des öffentlichen Kredits beteiligte sich J. D. Herstatt unter anderem bei den Emissionen folgender Staats- und Stadt-Anleihen:

4%	Preußische Staatsanleihe	1853
5%	Deutsche Bundes-Anleihe	1870/71
5%	Deutsche Bundes-Schatzanweisungen	1870/71
5%	Kölner Stadtanleihe	1849
4%	Kölner Stadtanleihe	1855
4%	Konvertierungs-Anleihe der Stadt Köln	1861
4¼%	Kölner Stadtanleihen	1868/71.

Zahlreiche Chancen, die Herstatt-Bank zu einer internationalen Konsortialbank zu entwickeln, haben nach dem Tode von Kommerzienrat Friedrich Peter Herstatt-von der Leyen 1851 sein ältester Sohn und Firmeninhaber Geheimer Kommerzienrat Johann David Herstatt und nach dessen Hinscheiden 1879 Friedrich Johann David Herstatt – wie es scheint – bewußt nicht wahrgenommen, um ihre Kapitalkraft hauptsächlich im Kreditgeschäft einzusetzen. Krüger schreibt zu der Entwicklung der Herstatt-Bank in der dritten und vierten Generation:

„Seit Ende der 1850er Jahre zog man sich dann vollkommen vom Gebiet des Gründungs-, Umwandlungs- und Emissionsgeschäfts zurück, um lediglich den Zahlstellendienst in begrenztem Ausmaße aufrechtzuerhalten, sich dafür andererseits aber, gestützt auf eine auserlesene, vorwiegend dem privaten Unternehmertum angehörige Kundschaft, mit aller Kraft auf das Kontokorrentgeschäft zu verlegen. Demgemäß hat das Haus auch in der Besetzung von Verwaltungsratsstellen und dem damit verbundenen Streben nach Abhängigmachung auf dem Aktienprinzip beruhender Unternehmungen nie eine bezeichnende Rolle gespielt.

Die eigene Kapitalkraft der Firma hat ihr leicht über die verschiedenen Krisenjahre des behandelten Zeitabschnittes, von denen anscheinend nur das Jahr 1848 Schwierigkeiten auslöste, hinweggeholfen. War sie um 1810 mit mehr als ¼ Million Taler schon als recht erheblich anzusprechen, so erreichte sie um 1875

Reiterbildnis Friedrich Johann David Herstatt (1831–1888)

trotz mehrfacher großer Erbabgänge eine Höhe von etwa 5 Millionen Taler und sicherte J. D. Herstatt im Verein mit umfangreichen fremden Mitteln einen ersten Platz innerhalb der Kölner Bankwelt.

Den raschen Aufstieg um 1800 verdankte das Bankhaus sowohl seinem Stammvater Johann David Herstatt als auch dessen Sohn Friedrich Peter Herstatt-von der Leyen und dessen Schwiegersohn Ludwig Gottfried von den Westen, die im Wirtschaftsleben wie im öffentlichen Leben Kölns einen bedeutenden Ruf genossen. Neben Johann David Herstatt jun. verfügte es von den dreißiger Jahren bis um die Jahrhundertmitte in Heinrich Ziegler über eine äußerst befähigte Teilhaberkraft.

Die Führerrolle, die J. D. Herstatt während des ersten Jahrhundertviertels in der Oberschicht des Kölner Bankgewerbes bekleidete, wurde ihm bald durch die Bankhäuser Sal. Oppenheim jun. & Cie. und A. Schaaffhausen streitig gemacht.

Hier ausgeprägtester Initiativgeist mit wagemutigem Aufgreifen der neuen bankgeschäftlichen Zielsetzungen, dort abwägende Zurückhaltung mit dem Ziel sicherer und beharrlicher Kapitalanlage. Die äußerst solide Geschäftshandhabung der Firma J. D. Herstatt war um 1870 geradezu sprichwörtlich geworden. Aus dieser Einstellung wird sich auch die die Firma kennzeichnende allzeitige Wahrung strenger betrieblicher Isolierung erklären.

Wohl haben gemeinsame Geschäftsinteressen ein Nebeneinanderauftreten mit befreundeten Bankhäusern – J. H. Stein, von der Heydt-Kersten & Söhne in

Friedrich Johann David Herstatt (1831–1888)

Elberfeld, Baum, Boeddinghaus & Co. in Düsseldorf u. a. – im Gefolge gehabt. Es ist aber in keinem Falle, selbst nicht gegenüber dem J. D. Herstatt seit der französischen Zeit verwandtschaftlich sehr nahestehenden Hause J. H. Stein, zu einem häufigeren, geschweige denn planmäßigen Zusammenarbeiten ausgebaut worden. Zum Aufkommen der Aktienkreditbanken stand man vollkommen neutral. Nicht einmal zur Direktion der Disconto-Gesellschaft in Berlin, der einzigen Kreditbank, bei deren Finanzierung J. D. Herstatt mitwirkte, sind nähere Beziehungen zwecks etwaiger geschäftlicher Zusammenarbeit geknüpft worden."

Am 17. Januar 1888 starb Friedrich Johann David Herstatt, der Urenkel des Gründers des Bankhauses, im Alter von erst 56 Jahren an den Folgen einer Lungenentzündung. Friedrich Herstatt war lange Jahre Präsident der Kölner Handelskammer und Aufsichtsratsmitglied einer Reihe bekannter Kölner Unternehmungen gewesen, so u. a. der Colonia-Versicherung, der Agrippina und Kölnische Hagel-Versicherung und der Kölnischen Privatbank. Sein einziger Sohn, der den alten Familiennamen Johann David erhielt, später aber Iwan genannt wurde, war beim Tode seines Vaters erst ein dreiviertel Jahr alt, so daß noch nicht abzusehen war, ob er zu einem späteren Zeitpunkt die Bankgeschäfte übernehmen würde. So wurde in der Familie der Entschluß gefaßt, die Bankgeschäfte auf das verwandtschaftlich nahestehende und befreundete Bankhaus J. H. Stein zu übertragen. In einem

Rundschreiben an die Kundschaft wurde als Übernahmetermin der 15. März 1888 vereinbart.

Die verwandtschaftlichen Beziehungen zum Bankhaus J. H. Stein bestanden bereits seit Jahrzehnten. Die Mutter von Friedrich Johann David Herstatt, Amalia Herstatt geborene Stein (1810–1890), war die Tochter des Bankiers Johann Heinrich Stein (1773–1820). Der Bruder von Amalia Herstatt geb. Stein, der nachfolgende Bankier Johann Heinrich Stein (1803–1879), heiratete die Schwester von Johann David Herstatt (1805–1879), die den Namen Katharina Adelaide (1809–1863) trug. Die doppelte verwandtschaftliche Beziehung hatte wesentlich dazu beigetragen, auch die geschäftliche Zusammenarbeit der beiden Häuser zu vertiefen. Durch die Übertragung der Bankgeschäfte auf das Haus J. H. Stein fand die erfolgreiche bankgeschäftliche Tätigkeit von J. D. Herstatt, die 106 Jahre angedauert hatte, einen jähen Abschluß. Das Kapital des Bankhauses war seit der Gründung stetig angewachsen und hatte beim Tode von Friedrich Herstatt die für die damalige Zeit außergewöhnlich hohe Summe von über fünf Millionen Taler erreicht. Bei der Liquidation des Hauses wurde das Vermögen auf die Witwe Maria Theresia Karoline geborene DuMont, deren vier Kinder sowie die drei Brüder von Friedrich Herstatt aufgeteilt. Die unverheirateten Brüder Eduard (geb. 1833) und Arthur (geb. 1832) starben als Rentner in den Jahre 1911 bzw. 1919. Der jüngste Bruder Walther (geb. 1841), Gutsbesitzer in Marsdorf bei Frechen, starb ohne männlichen Nachkommen im Jahr 1898.

Der Ehe Friedrich Johann David Herstatts mit Maria Theresia Karoline DuMont (1850–1933), einer Tochter aus der bekannten Kölner Zeitungsfamilie, entstammten drei Töchter und der Sohn Johann David, genannt Iwan (1887–1955). Der Name Iwan hat keinerlei Beziehung zu Rußland, wie oft angenommen wird, sondern ist nach Familienüberlieferung als Rufname entstanden, weil seinerzeit der langjährige Kutscher der Familie Herstatt ebenfalls Johann hieß. Im übrigen hat „Iwan" die gleiche Bedeutung in der russischen Sprache.

Iwan Herstatt studierte an den Universitäten München und Würzburg, wo er nach Ablegung des Referendar-Examens zum Dr. jur. et rer. pol. promovierte. Anschließend war er als Volontär beim A. Schaaffhausenschen Bankverein tätig. Nach Beendigung seiner Studien heiratete Iwan Herstatt 25jährig im Januar 1913 Clara Schnitzler (geb. 1893), die dritte Tochter von Justizrat Viktor Schnitzler (1862–1934) und Ludowika geb. von Borell du Vernay, genannt Andreae (1865–1955). Viktor Schnitzler war ein in Köln bekannter Kunstmäzen auf dem Gebiete der Musik und langjähriger Vorsitzender der Konzertgesellschaft, welche die weit über die Grenzen Kölns hinaus bekannten Gürzenich-Konzerte veranstaltete.

Nach Beendigung des Ersten Weltkriegs wäre es naheliegend gewesen, wenn Iwan Herstatt in das befreundete Bankhaus J. H. Stein eingetreten wäre. Er beteiligte sich jedoch mit seinem Schwager, Artur Deichmann, an dem alteingesessenen Bankhaus Leopold Seligmann.

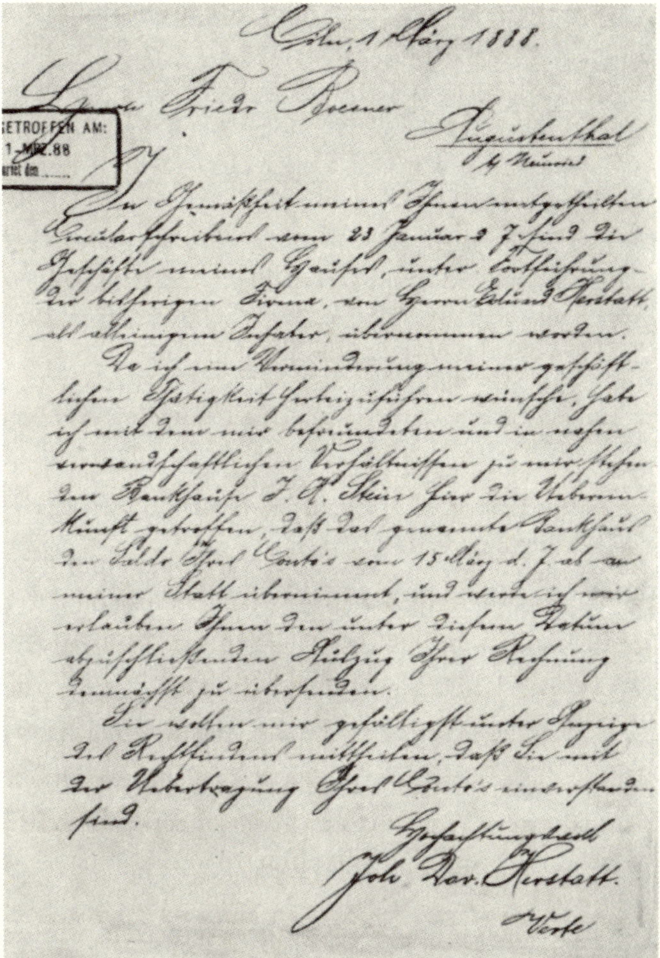

Cöln, 1 März 1888.

Herrn Friedr. Roemer

Augustenthal

b/ Neuwied

ETROFFEN AM: 1. MRZ. 88

In Gemäßheit meines Ihnen mitgetheilten Circularschreibens vom 23 Januar d. J. sind die Geschäfte meines Hauses, unter Fortführung der bisherigen Firma, von Herrn Eduard Herstatt, als alleinigem Inhaber, übernommen worden.

Da ich eine Verminderung meiner geschäftlichen Thätigkeit herbeizuführen wünsche, habe ich mit dem mir befreundeten und in nahen verwandtschaftlichen Verhältnissen zu mir stehenden Bankhause J. H. Stein hier die Uebereinkunft getroffen, daß das genannte Bankhaus den Saldo Ihres Conto's vom 15 März d. J. ab an meiner Statt übernimmt, und werde ich mir erlauben Ihnen den unter diesem Datum abzuschließenden Auszug Ihrer Rechnung demnächst zu übersenden.

Sie wollen mir gefälligst unter Anzeige des Richtigbefundes mittheilen, daß Sie mit der Uebertragung Ihres Conto's einverstanden sind.

Hochachtungsvoll

Joh. Dav. Herstatt.

Verte

Mit diesem Schreiben Johann David Herstatts vom 1. März 1888 erfolgte die Überleitung der Geschäfte auf das Bankhaus J. H. Stein – das Ende des alten Bankhauses Herstatt.

Iwan Herstatt, dessen besondere Vorliebe stets der Kunst und insbesondere der Musik galt, hatte sich, als die Geschäfte des Hauses Seligmann an Umfang zurückgingen, im Jahre 1927 dem Versicherungsfach zugewandt und war seit dieser Zeit für die Allianz-Versicherung tätig, bei der er stellvertretender Direktor der Kölner Niederlassung wurde. Er hatte eine Reihe ehrenamtlicher Stellungen im Kölner Musikleben inne und starb im November 1955 mit 68 Jahren.

Aus der Ehe von Iwan Herstatt mit Clara geb. Schnitzler stammen drei Kinder, ein Sohn und zwei Töchter. Der einzige Sohn wurde am 16. 12. 1913 in Köln, Oppenheimstr. 16, geboren. Er erhielt in Anlehnung an den Namen des Bankgründers Johann David die Vornamen Iwan David. Dem letzten Nachfahren der Kölner Herstatt-Linie sollte es vorbehalten sein, die Tradition des alten Bankhauses J. D. Herstatt, das Krüger als die „eigentliche Begründerin des modernen Kölner Bankgeschäfts" ansieht, erfolgreich wiederaufzugreifen.

Das neue Bankhaus (1955–1973)

Ein Rückblick auf die Geschichte des 1955 neubegründeten Bankhauses I. D. Herstatt läßt erkennen, daß für mich, den aktiv das neue Unternehmen formenden Bankier, die alte Familientradition lediglich grundsätzlich Verpflichtung bedeutete; mir war seit der Gründung bewußt, daß eine Anknüpfung an die

Dr. Johann David Iwan Herstatt (1887–1955), Direktor der Kölner Niederlassung der Allianz Versicherungs AG, Vater von Iwan-David Herstatt

Geschichte der alten Herstatt-Bank, die sich in einem anderen gesellschaftlichen Raum und vor einem wesentlich andersartigen politischen und wirtschaftlichen Hintergrund vollzogen hatte, nur in gewandelter Form möglich war.

Die letzten fünfzig Jahre hatten im deutschen Bankwesen mit der vollen Entfaltung der Aktien-Großbanken und dem stärker werdenden Einfluß der Sparkassen und Genossenschaftsinstitute die Bedeutung des Privatbankiers in den Hintergrund treten lassen. Sieht man von den Diskriminierungen in den dreißiger Jahren ab, so lag der Keim für die Rückentwicklung der echten Privatbanken vor allem in der sich entscheidend wandelnden Sozialstruktur Deutschlands: Die spätestens mit der Auflösung des Kaiserreichs einsetzende Entwicklung zur industriellen Gesellschaft verlangte logischerweise einen sich wandelnden Typ der Privatbank. Das rapide Wachstum der Großindustrien förderte die Entstehung eines gleichermaßen mächtigen wie anonymen Großbankapparats. Auf der anderen Seite ging die Bedeutung der wohlhabenden Bürgerschichten für das Bankgeschäft vor allem nach der Inflation der zwanziger Jahre zurück.

Waren die Privatbankiers im 19. Jahrhundert kraft ihres Ideenreichtums und ihrer persönlichen Dynamik unentbehrliche Initiatoren und Finanziers der industriellen Revolution, so wurde ihre Rolle in der ersten Hälfte des 20. Jahrhunderts im Einlagen- und Kreditgeschäft zunehmend unbedeutender. Allerdings bewahrten sie sich auf dem Gebiet des Effek-

Geburtshaus von Iwan-David Herstatt in Köln, Oppenheimstraße 16

tengeschäfts und der Vermögensverwaltung unter der Führung angesehener Persönlichkeiten eine einflußreiche Position. Aus dieser Entwicklung ist vor allem die Bedeutung des persönlichen Vertrauenskapitals als wichtiges Aktivum sichtbar.

Nach dem Zweiten Weltkrieg hatte es zunächst den Anschein, als würde der Stand des Privatbankiers im Kreditwesen zum Schattendasein verurteilt sein. Das enorme Wachstum der Großbanken, die aufgrund ihrer Betriebsstruktur klare Vorteile für die Anlauffinanzierung besaßen, und die Erweiterung des Geschäftsvolumens der öffentlich-rechtlichen Institute, die aufgrund gesetzlicher Privilegien und der Einschaltung bei der Vergabe staatlicher Wiederaufbau-Gelder eine außergewöhnliche Starthilfe erhielten, schienen in der ersten Hälfte der fünfziger Jahre eher zum Nachteil der Privatbanken zu wirken. Wie sich jedoch schon bald zeigte, bedurfte man im Wirtschaftswunder-Boom angesichts der spürbar werdenden Kapitalarmut Westdeutschlands über die seit Jahrzehnten bekannten Finanzierungssysteme langfristiger und kurzfristiger Art hinaus neuer Möglichkeiten der Industriefinanzierung. Nicht zuletzt waren es gerade Privatbankiers, die erste Initiativen auf dem Gebiet neuer Finanzierungsformen und Bankgeschäfte ergriffen.

Gewiß hat der Privatbankier seine einstmals mächtige Rolle in der Steuerung der Geld- und Kapitalströme längst eingebüßt, aber das moderne Wirtschaftsleben nimmt ihn, dessen persönliche Verantwortung sich nicht hinter der Anonymität eines

Firmennamens verbergen kann, wieder seit Jahren in wachsendem Maße in Anspruch, sofern neben die Solidität seiner Geschäftsprinzipien auch schöpferische Phantasie tritt.

Bevor ich meine schon in der Jugendzeit gewählte Lebensaufgabe, das frühere Bankhaus Herstatt wiederaufleben zu lassen, zu verwirklichen begann, sammelte ich in über fünfundzwanzigjähriger Banktätigkeit umfassende Erfahrungen. Im Laufe dieser „Vorbereitungszeit" gewann ich klare Vorstellungen von den Aufgaben eines modernen Privatbankiers.

Nach dem Abitur, das ich wie mein Vater auf dem Kreuzgasse-Gymnasium in Köln absolvierte, begann ich im Jahre 1931 zunächst als Lehrling bei der Kölner Niederlassung der Deutschen Bank. In diesem Institut verblieb ich insgesamt achtzehn Jahre und war außer in Köln noch in verschiedenen Filialen sowie in der Zentrale in Berlin tätig. In den Kriegsjahren 1940 bis 1944 war ich als Leiter der Kreditabteilung einer von der Deutschen Bank übernommenen französischen Bank in Metz eingesetzt. Es handelte sich um die Filiale der Crédit Industriel d'Alsace et Lorraine, die im Jahre 1940 von zwei französischen Direktoren geleitet wurde und etwa 50 Mitarbeiter zählte. Der Vorstand der Deutschen Bank änderte an der Konstruktion der Bank nur wenig. Nur einer der beiden Direktoren wurde durch einen deutschen Direktor, der bis dahin die Filiale Neuwied leitete, ausgetauscht, während der andere zur übergeordneten Filiale der Deutschen Bank in Saarbrücken versetzt wurde. Ein weiterer deutscher Kollege übernahm die Organisationsabteilung, und mir wurde das Kreditgeschäft übertragen, in dem ich in den vorangegangenen Jahren besonders ausgebildet worden war.

Die Metzer Jahre waren trotz des Krieges eine sehr interessante Zeit für mich, zumal ich ein sehr gutes Verhältnis zu meinen beiden Chefs hatte. Wir hatten immer damit gerechnet, daß wir nach verlorenem Krieg wieder Metz verlassen mußten, der Tag kam aber dann doch schneller als erwartet. Nachdem wir schon eine Zeitlang in der Ferne Kanonendonner gehört hatten, wurde in den Nachmittagsstunden des 31. August 1944 die sofortige Evakuierung angeordnet. Mein Chef war auf den Tag vorbereitet, er hatte seit längerer Zeit einen vollgetankten Wagen bereitstehen. Er selbst fuhr sehr gut Auto, während ich wegen eines Augenleidens keinen Führerschein besitze und aus diesem Grunde auch u. k. gestellt war. Trotz dieser guten Vorbereitung war unsere Flucht mit den Bankunterlagen und der persönlichen Habe mit großen Schwierigkeiten verbunden, da der Wagen auf halber Strecke nach Saarbrücken mitten im Wald bei St. Avold stehenblieb und wir etwa zwei Stunden brauchten, um eine mitleidige Seele zu finden, die uns nach Saarbrücken abschleppte. Hier wurden wir von der Leitung der Filiale Saarbrücken am anderen Morgen wenig begeistert empfangen, da man uns als Vorboten des Endes eines verlorenen Krieges ansah. Wir richteten eine Verbindungsstelle Metz ein, die die deutschen Kunden betreute.

Meine Tätigkeit in Saarbrücken dauerte nicht

Köln, Unter Sachsenhausen 6. Das 1943 durch Bomben zerstörte frühere Wohnhaus Dr. Guilleaume. An seiner Stelle entstand 1957 das Gebäude des neuen Bankhauses Herstatt bzw. ihm nahestehender Gesellschaften. Die restlichen Aktien verteilten sich auf den persönlich haftenden Gesellschafter mit 5 % und einige dem Hause verbundene Geschäftsfreunde.

Bei der Gründung der Bank war ich alleiniger, persönlich haftender Gesellschafter. In Übereinstimmung mit den Gründern und Kommanditaktionären ging ich bei der Zielsetzung für das neue Bankhaus von den bank- und betriebswirtschaftlichen Gegebenheiten und Erfordernissen aus. Geplant war nicht eine Spezialbank mit einseitigem Wirkungskreis, sondern der Aufbau einer Universalbank, in der alle Bankgeschäfte abgewickelt werden konnten. In wenigen Jahren sollte möglichst eine Gesamtbetriebsgröße erreicht werden, in der die Leistungsfähigkeit jeder Hauptabteilung des Hauses den an eine moderne Bank gestellten Anforderungen zu entsprechen vermochte. Es versteht sich, daß die hierfür erforderliche Organisations- und Geschäftsgröße die als normal angesehene Kapazität einer echten Privatbank zu übersteigen drohte.

Dennoch sollten den großen Geschäftsbanken Organisationsprinzipien nur so weit entlehnt werden, wie es für die Abwicklung von Bankgeschäften rationell erschien. Als entscheidend wurde angesehen, daß der Kunde seinen Privatbankier immer erreichen kann. Auch mußte die Kontaktfähigkeit der Belegschaft untereinander und zur Geschäftsleitung erhalten bleiben. Die Durchführbarkeit dieser Prinzipien war schon deshalb notwendig, weil auch heute noch der Privatbankier nur die Aufgaben, nicht aber seine

Bankhaus I.-D. Herstatt, Köln, Unter Sachsenhausen 6

persönliche Verantwortung gegenüber dem Kunden an seine Mitarbeiter delegieren kann.

Das Haus entwickelte sich sukzessive zu einer Privatbank von überregionaler Bedeutung. Die Ausweitung des Geschäftsvolumens kommt deutlich im stetigen Ansteigen der Bilanzsumme zum Ausdruck:

1955	DM	5 Millionen	1965	DM	782 Millionen
1956	DM	72 Millionen	1966	DM	830 Millionen
1957	DM	115 Millionen	1967	DM	893 Millionen
1958	DM	171 Millionen	1968	DM	1154 Millionen
1959	DM	249 Millionen	1969	DM	1551 Millionen
1960	DM	330 Millionen	1970	DM	1504 Millionen
1961	DM	466 Millionen	1971	DM	1603 Millionen
1962	DM	560 Millionen	1972	DM	1853 Millionen
1963	DM	620 Millionen	1973	DM	2076 Millionen
1964	DM	691 Millionen			

Entsprechend dem gestiegenen Geschäftsvolumen wurde die Eigenkapitalbasis durch mehrere Kapitalerhöhungen angepaßt. Das Gründungskapital betrug DM 5 Millionen. In verschiedenen Kapitalerhöhungen erfolgte dann eine Aufstockung auf DM 44 Millionen.

Die Zahl der Mitarbeiter wuchs seit der Gründung von 15 auf über 850 an. Dennoch blieb das Verhältnis Bilanzsumme zur Anzahl der Mitarbeiter günstig – im Bankwesen rechnet man im allgemeinen als Durchschnittssatz auf einen Mitarbeiter DM 2 Millionen Bilanzsumme. Durch die schlechten Verkehrsverhältnisse am Kölner Platz wurde die Eröffnung von

Zweigstellen notwendig. Rund 30 Zweigstellen sowie zwei Autoschalter dienten in der Hauptsache zur Erleichterung des Kassen- und Sparverkehrs mit der Kundschaft. Außerdem wurde Ende 1965 in der benachbarten Hauptstadt Bonn eine Filiale errichtet, der die Zweigstellen in Bad Godesberg, Brühl und Königswinter unterstanden. Zur Abwicklung des großen Devisen- und Geldgeschäftes erwies es sich als notwendig, im Jahre 1972 in Frankfurt/M. eine Niederlassung zu errichten, die auch die Vertretung der Bank am Frankfurter Börsenplatz wahrnahm.

Eine ausländische Tochtergesellschaft wurde in Toronto mit Sitz im Hause der Gerling Global Insurance Companies unter dem Namen Herstatt Canadian Holdings Limited mit einem Kapital von zunächst 40.000 can. $ eröffnet.

Wie auch die Großbanken und andere große Bankhäuser errichtete das Bankhaus Herstatt Ende 1971 in Luxemburg unter dem Namen Herstatt Bank Luxembourg S. A. eine selbständige Bank, deren Aktienkapital zu 51 % im Besitz des Hauses Gerling und zu 49 % im eigenen Besitz lag. Das Institut hatte einen erfreulichen Start und erreichte im Jahre 1972 bereits eine Bilanzsumme von rund DM 500 Millionen.

Zum weiteren Ausbau des Auslands-, insbesondere des internationalen Emissionsgeschäftes wurde im Jahre 1973 eine Repräsentanz in London eröffnet.

Das Wertpapiergeschäft wurde als traditionelle Aktivität der Privatbanken auch von unserem Bankhaus besonders gepflegt. Durch meinen persönlichen Einsatz und den der Mitarbeiter gelang es, dieser in anderen Banken oft von der Börsenentwicklung stark abhängigen Abteilung ein gutes Fundament im Rentengeschäft zu schaffen. Dies war nicht zuletzt auf Grund der sich ständig ausweitenden Kontakte zu in- und ausländischen Versicherungsgesellschaften, Hypothekenbanken und anderen institutionellen Anlegern und Emittenten sowie zu Industriegesellschaften möglich. Der große Plazierungserfolg bei öffentlichen Anleihen und Industrieobligationen führte schon bald dazu, daß die Bank in das Bundesanleihekonsortium aufgenommen wurde, dem sich beachtliche weitere Konsortialgeschäfte anschlossen. Auch auf dem Gebiet des Schuldscheindarlehens sowie auf dem Hypothekenmarkt war die Bank seit Jahren vermittelnd tätig. Bereits im Jahre 1971 war die Emissionsabteilung der Bank an der Übernahme und Plazierung von 114 Anleihen beteiligt.

Seine Stellung im Aktienhandel festigte das Bankhaus I. D. Herstatt sowohl durch die Pflege der Kapitalanlageberatung als auch des Arbitragegeschäftes. Seit 1961 stand der Kundschaft neben der Effektenabteilung im Haupthaus ein Börsenbüro mit erfahrenen Börsenhändlern in nächster Nähe der Rheinisch-Westfälischen Börse zu Düsseldorf zur Verfügung. In dem 1962 bis 1964 erstellten Erweiterungsbau wurde für die Effektenabteilung eine Kundenberatungshalle nach modernsten Gesichtspunkten – u. a. ausgestattet mit einer automatischen Kursanzeige für die Düsseldorfer Kursnotierungen – eingerichtet.

Die Herstatt-Bank gehörte zu den ersten Banken Deutschlands, die die Bedeutung einer fundierten Ka-

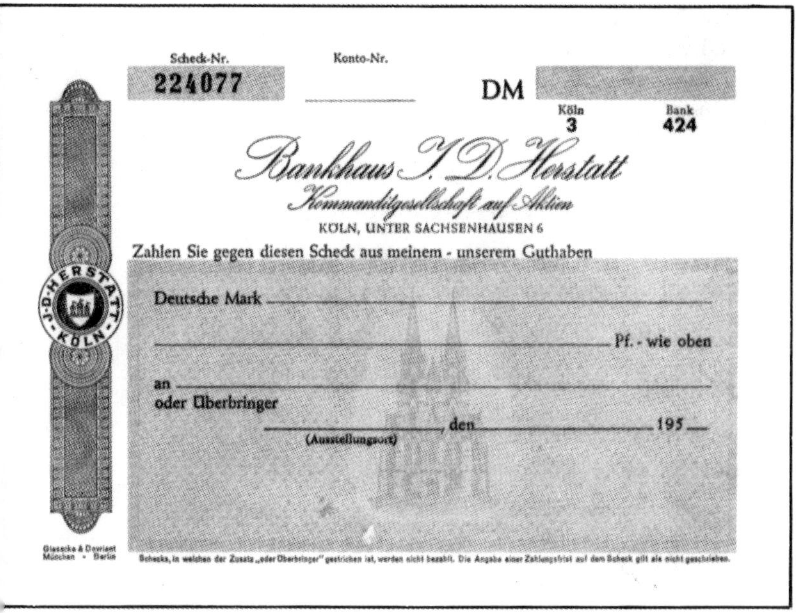

Scheck-Nr. 224077

Konto-Nr.

DM

Köln 3 Bank 424

Bankhaus I. D. Herstatt
Kommanditgesellschaft auf Aktien
KÖLN, UNTER SACHSENHAUSEN 6

Zahlen Sie gegen diesen Scheck aus meinem - unserem Guthaben

Deutsche Mark ____

____ Pf. - wie oben

an ____
oder Überbringer

____ , den ____ 195 __
(Ausstellungsort)

Giesecke & Devrient München - Berlin

Schecks, in welchen der Zusatz „oder Überbringer" gestrichen ist, werden nicht bezahlt. Die Angabe einer Zahlungsfrist auf dem Scheck gilt als nicht geschrieben.

Scheckformular des neuen Bankhauses I.-D. Herstatt mit dem Kölner Dom als Untergrund

pitalanlageberatung erkannten. Zu diesem Zwecke wurde mit der volkswirtschaftlichen Abteilung eine Studienabteilung aufgebaut, deren Aufgabe vor allem die Interpretation des in- und ausländischen Börsengeschehens sowie die Aktien- und Portefeuille-Analyse zum Zwecke der Anlageberatung war. Diese Abteilung hat hierfür zum Teil eigene Methoden entwickelt. Beispielsweise sei als selbstgeschaffenes Instrument für Kurstendenz- und Trenduntersuchungen der nach wissenschaftlichen Grundsätzen täglich errechnete Herstatt-Aktienindex erwähnt, der ab 1960 in der in- und ausländischen Fachpresse veröffentlicht wurde. Die Arbeiten der Analysten sollten nicht zuletzt auch dem Bedürfnis ausländischer institutioneller Anleger entgegenkommen und damit einer Erweiterung des Effektengeschäftes dienen.

Für die Abwicklung von besonderen Treuhand- und Vermögensverwaltungsgeschäften wurde 1960 als hundertprozentige Tochtergesellschaft die IVERA Internationale Vermögensanlagen GmbH gegründet. Das voll eingezahlte Kapital der Gesellschaft betrug DM 1 Million. Hauptaufgabe der IVERA war die Verwaltung von Großvermögen ab DM 250.000. Als weitere hundertprozentige Tochtergesellschaft wurde 1967 die heute noch bestehende Kapitalfonds – Kapitalanlagegesellschaft mbH, ebenfalls mit einem voll eingezahlten Kapital von DM 1 Million, gegründet. Die Gesellschaft verwaltet die Fonds Kapitalfonds I und II, IVERA Fonds, Gerling Dynamik- und Gerling Rendite-

Fonds, UTA Fonds. Das verwaltete Vermögen ist inzwischen auf rd. 300 Millionen DM angewachsen.

Zu weiteren Beteiligungen der Bank gehörten:

Mittelrheinische Kundenkreditbank Dr. Horbach & Co. KG, Koblenz (Teilzahlungsbank),

Mietfinanz GmbH, Mülheim/Ruhr (Leasing-Gesellschaft),

Inter-Factor-Bank AG, Frankfurt/M. (Factoring-Gesellschaft),

Deutsche Hypothekenbank (AG), Hannover–Berlin.

Im Auslandsgeschäft wurden bedeutende internationale Beziehungen hergestellt. Bis zum Jahre 1972 gelang es, ein Korrespondentennetz mit über 300 ausländischen Banken aufzubauen. An den großen Bewegungen auf den ausländischen Konten waren nicht unwesentlich die ständig anwachsenden Umsätze im Devisen- und Sortenhandel beteiligt. Das Bankhaus I. D. Herstatt gehörte zu den wenigen Privatbanken, die täglich am internationalen Devisenhandel auf eigene Rechnung teilnahmen. Ferner war die Auslandsabteilung an der Versorgung des lokalen Marktes mit ausländischen Sorten nennenswert beteiligt.

Das Kreditgeschäft, traditionelles Betätigungsfeld der alten Herstatt-Bank, konnte sich ebenfalls erfreulich entwickeln. Es wurden in der Hauptsache kurzfristige Betriebsmittelkredite zur Verfügung gestellt; auch im langfristigen Kreditgeschäft wurden die berechtigten Wünsche der Kunden erfüllt, soweit die Refinanzierung sichergestellt werden konnte. Das Wechseldiskontgeschäft nahm im Rahmen des Kre-

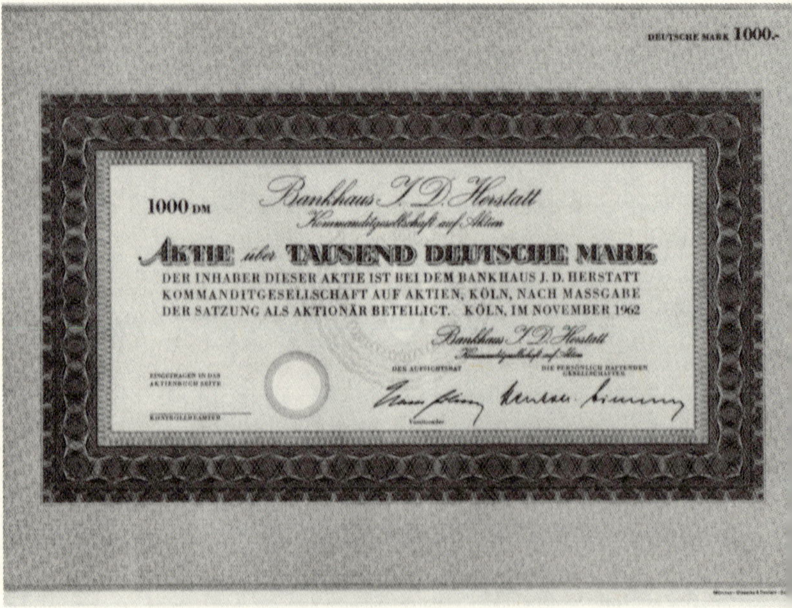

DEUTSCHE MARK 1000.-

1000 DM

Bankhaus J. D. Herstatt
Kommanditgesellschaft auf Aktien

AKTIE über TAUSEND DEUTSCHE MARK

DER INHABER DIESER AKTIE IST BEI DEM BANKHAUS J. D. HERSTATT KOMMANDITGESELLSCHAFT AUF AKTIEN, KÖLN, NACH MASSGABE DER SATZUNG ALS AKTIONÄR BETEILIGT. KÖLN, IM NOVEMBER 1962

Bankhaus J. D. Herstatt
Kommanditgesellschaft auf Aktien

EINGETRAGEN IN DAS AKTIENBUCH SEITE

DER AUFSICHTSRAT

DIE PERSÖNLICH HAFTENDEN GESELLSCHAFTER

KONTROLLBEAMTER

Aktie des neuen Bankhauses I.-D. Herstatt

ditgeschäfts einen besonderen Platz ein. Das große Volumen hing mit dem starken Anteil der Großindustrie innerhalb der Kundschaft des Hauses zusammen. Im Jahre 1965 wurde auch das Kleinkreditgeschäft erfolgreich aufgenommen, bei dem die zahlreichen Zweigstellen besonders eingeschaltet waren.

Mit Aufmerksamkeit widmete sich das Bankhaus der Förderung des Sparverkehrs. Hierbei kam ebenfalls den Zweigstellen, auf die eine Privatbank heute nicht verzichten sollte, besondere Bedeutung zu.

Zweites Kapitel

Die Insolvenz (1974)

Als ich am 16. Dezember 1973 meinen 60. Geburtstag feiern konnte, glaubte ich alles erreicht zu haben, was ich mir in meinen kühnsten Träumen vorgestellt hatte.

Die Bilanzsumme der Bank hatte die 2-Milliarden-Grenze überschritten und damit die größte deutsche Privatbank, das Bankhaus Oppenheim, überholt. Die Rentabilität hatte sich günstig entwickelt, da wir neben dem Kredit- und Wertpapiergeschäft über eine florierende Auslandsabteilung nebst umfangreichem Devisenhandel verfügten. Jedes Jahr schüttete die Bank eine Dividende von 10–12 % aus und reicherte die offenen Reserven an. Die Bezugsrechte bei den verschiedenen Kapitalerhöhungen waren günstig, so daß die Aktionäre eine zufriedenstellende Verzinsung ihres Kapitals erzielten.

Da für 1973 ein besonders guter Abschluß erwartet werden konnte, beschloß ich, die Geburtstagsfeier festlicher als üblich auszugestalten. Die größeren Kunden wurden zunächst in das Kölner Opernhaus eingeladen, wo ein großes Orchester zu Beginn das

Zwischenspiel aus Puccinis „Manon Lescaut" – ein Lieblingsstück von mir – und anschließend der international bekannte Pianist Philipp Entremont das 3. Klavierkonzert von Rachmaninow mit großem Erfolg spielten. Reden wurden auf meinen besonderen Wunsch nicht gehalten. Ich begrüßte lediglich in einer kurzen Ansprache die Gäste.

Von den 1000 eingeladenen Kunden waren etwa 900 erschienen. Es war damals nicht leicht, unter rund 85.000 Konten die richtige Auswahl zu treffen. Die Veranstaltung sprach sich natürlich in Köln herum, so daß neue, gesellschaftlich ehrgeizige Nichtkunden wegen einer Einladung an mich herantraten, der dann eine namhafte Einzahlung und eine Kontoeröffnung folgten. Auch bei den bisherigen Kunden wirkte sich die Veranstaltung positiv aus, so daß ein wesentlicher Teil der Kosten aus Gewinnen bei den zusätzlichen Geschäften gedeckt wurde. Aus technischen Gründen konnte ich meine Gäste nicht im Opernhaus bewirten, so daß der anschließende Empfang im Gürzenich stattfand. Auch hier gab es keine Reden. Zur Unterhaltung spielten mein langjähriger Freund Leo Kowalski und die ungarische Kapelle Vesco d'Orio. Zum Abschluß zog als Überraschung die Kölner Prinzengarde auf, die mich zum Generaloberst beförderte.

Als alter Kölner war ich dem Karneval besonders verbunden. 20 Jahre war ich Schatzmeister des Großen Senates, einer Gruppe von 40 leitenden Männern der Kölner Wirtschaft, die wesentlich zur Finanzierung des Kölner Rosenmontagszuges beiträgt. In rund 30 Karnevalsgesellschaften war ich Ehrenratsherr oder Ehrensenator. Da alle Gesellschaften Wert darauf legten, daß ich wenigstens einmal im Jahre zu einer Sitzung erschien, machte ich an den Sonntagen in der kurzen Session vor Aschermittwoch oft 4–5 Gesellschaften hintereinander einen Besuch und wurde dann mit dem jeweiligen Orden des Jahres ausgezeichnet. Ich brauche wohl nicht zu erwähnen, daß auch alle Gesellschaften Kontoinhaber unserer Bank waren. Außer den Karnevalsgesellschaften war ich noch in ca. 20 anderen Vereinen Mitglied, darunter in 12 Gesellschaften Schatzmeister. Zu den wichtigsten gehörten der Lions Club in Köln, dessen Präsident ich 1957/58 war, der ASV Sportclub, der Mittelrheinische Automobilclub, der Schnauferlclub, der Überseeclub, die Germania Judaica, die alle jüdischen Schriften aus Deutschland sammelte, und schließlich Förderungsvereine für die Oper, die Hochschule für Musik und der Cölner Club für Wassersport. Ich war auch Mitglied in dem altehrwürdigen Cölner Club, einem Gesellschaftsclub, der ein eigenes Haus mit Kegelbahn besitzt und nur Mitglieder aus der besten Gesellschaft aufnimmt. In einer geheimen Ballotage bringt dort eine einzige schwarze Kugel bereits ein Aufnahmegesuch zu Fall. In diesen vornehmen Club waren früher z. B. so bekannte Persönlichkeiten wie der Bankier Louis Hagen und Herr Otto Wolff nicht aufgenommen worden. In der heutigen Zeit spielt der Club mit seinen ehemals berühmten Bällen nicht mehr die führende Rolle in Köln.

Die Vereinstätigkeit nahm einen nicht unwesentlichen Teil meiner Zeit in Anspruch. Den Sonntag verbrachte ich bei gutem Wetter auf dem Golfplatz, um einen Ausgleich für meine Bürotätigkeit zu haben. In den Kölner Golf Club trat ich bereits 1927 ein und war in den letzten 15 Jahren Schatzmeister. In allen Vereinen aquirierte ich natürlich für meine Bank und hatte bis zu meinem 60. Geburtstage stets Kontoeröffnungsformulare in blanko in der Tasche, um neue Geschäftsfreunde bei einer Zusage zur Unterschrift zu bitten.

Zu meiner Tätigkeit in der Bank gehörten auch zuletzt 19 Mandate in Aufsichtsräten und Beiräten, die mich – auch durch die vielen Reisen – sehr stark in Anspruch nahmen. In mehreren Gesellschaften war ich Aufsichtsratsvorsitzender. Im Interesse meiner Bank nahm ich aus Sicherheitsgründen von Flugreisen Abstand; wenn ich das Auto benutzte, durfte mein Fahrer nie die Geschwindigkeit von 140 km überschreiten. Im Auto war ich durch ein Telefon stets mit der Bank verbunden, so daß bei meiner Rückkehr die aus dem Auto diktierten Briefe schon fertig waren und noch am selben Tage herausgehen konnten. Es war mein Prinzip, daß Briefe grundsätzlich am Tage des Eingangs beantwortet wurden, wie auch alle Rechnungen unverzüglich bezahlt wurden. In den 18 Jahren des Bestehens der Bank habe ich keinen Tag gefehlt und bin kein einziges Mal zu spät gekommen. Hierüber hätten sich meine Mitarbeiter sicher gefreut, da das Zuspätkommen bei der Postbesprechung, die morgens um 8.15 Uhr stattfand, eine Geldbuße bedeutete, die sofort kassiert wurde. An der Postbesprechung nahmen die beiden Generalbevollmächtigten und alle Abteilungsleiter teil. War einer der Herren in Urlaub, mußte der jeweilige Vertreter erscheinen.

Anfang 1974 bestand die Geschäftsleitung neben mir aus den beiden Generalbevollmächtigten Graf von der Goltz, der die Ausland- und Devisenabteilung leitete, sowie Herrn Fischer, dem die Wertpapierabteilung unterstand. Uns standen rund 10 Direktoren und ebenso viele Abteilungsdirektoren zur Seite. Sowohl der Aufsichtsrat als auch ich selbst hatten erkannt, daß ich überfordert war und die Geschäftsleitung verstärkt werden mußte. Graf Goltz hatte von Herrn Dr. Gerling die schriftliche Zusage, bei Bewährung am 30. 6. 1974 persönlich haftender Gesellschafter zu werden, wozu es nicht mehr gekommen ist. Verschiedene Verhandlungen mit anderen Herren waren ohne Erfolg, da die Großbanken ihre guten Kräfte mit großen Versprechungen festhielten. In den Jahren 1957/62 und anschließend bis 1971 hatte die Bank zwei persönlich haftende Gesellschafter. Der erste, Heinrich von Paucker, der von der Effektenbank kam, starb unglücklicherweise an einem Gehirntumor. Sein Nachfolger, Joachim-Hans von Hinckeldey, war vorher bei der Dresdner Bank und dann als Leiter der Finanzabteilung der Klöckner-Humboldt-Deutz AG tätig. Er schied 1971 aus gesundheitlichen Gründen bei uns aus und wechselte in den Aufsichts- und Verwaltungsrat über. Nachdem er zunächst ein sehr gutes Verhältnis zu Herrn Dr. Gerling hatte, verschlechterte dieses sich laufend wegen unterschiedlicher Auffassungen. Im Dezember 1970 spitzte sich bei einem Mittagessen, an dem außer mir auch Herr Weiler, der stellvertretende Vorsitzende unseres Verwaltungsrates, teilnahm, eine Diskussion so zu, daß Herr Dr. Gerling Herrn von Hinckeldey des Zimmers verwies und mir den Auftrag gab, an der Suche eines neuen Partners mitzuwirken. Mit dem Ausscheiden von Herrn von Hinckeldey kamen alle seine Aufgaben vorübergehend bis zum Eintritt von Graf Goltz auf mich zu; hierbei handelte es sich zuletzt noch um die Kredit- und Personalabteilung und verschiedene Aufsichtsratmandate.

Im Jahre 1974 waren wir in 35 Konsortien vertreten. Unser Aktienindex wurde täglich in verschiedenen Zeitungen veröffentlicht. Zum Leidwesen der Commerzbank zog die „Financial Times" den Herstatt-Index ihrem Index bei den täglichen internationalen Veröffentlichungen vor. Unsere Beteiligungsgesellschaften waren recht erfolgreich. Es handelte sich um unsere Bank in Luxemburg, die Vermögensverwaltungsgesellschaft IVERA und die Investmentgesellschaft Kapitalfonds, die u. a. den Gerling Dynamik- und Renditefonds vertrieb. Unsere kleineren Beteiligungen, deren Anteile wir laufend zu erhöhen trachten, waren „goldene Eier". Es handelte sich um die Deutsche Hypothekenbank in Hannover, die Teilzahlungsbank Mittelrheinische Kundenkreditbank sowie die Leasing-Gesellschaft „Mietfinanz". Auch an der Interfactorbank waren wir unterbeteiligt. Dieses Geschäft hat allerdings in der Bundesrepublik den großen Rahmen wie in den USA nicht erreichen können. Eine Beteiligung an einer Bausparkasse ist mir leider

Das neue Bankhaus I.-D. Herstatt – Gesamtansicht

nicht geglückt, obwohl aussichtsreiche Verhandlungen mit der Badenia in Karlsruhe geführt wurden.

Der große Erfolg unserer Bank hatte seinen Grund hauptsächlich in der prompten und zuvorkommenden Behandlung unserer Kundschaft. Bei jeder Neueinstellung schärfte ich unseren Angestellten ein, wie wichtig eine höfliche Bedienung ist. Besprechungstermine wurden stets kurzfristig gemacht, da auch negative schnelle Entscheidungen für den Kunden von Wert sein können. Dazu kam, daß unsere Bank eine Universalbank war und an über 30 Plätzen im Raume Köln/Bonn vertreten wurde. Unser Service wurde z. B. von unserem Kunden Thomas Liessem gewürdigt, als er in Gesellschaft erzählte, daß er in früheren Jahren einmal Herrn Direktor Rath von der Deutschen Bank sprechen wollte. Nach mehreren Telefonaten bekam er einen Termin ca. drei Wochen später, morgens um 7.15 Uhr!

Unsere Erfolge zogen uns leider auch Feinde bei der Konkurrenz zu. Dort wurden Gerüchte ausgestreut, die nicht den Tatsachen entsprachen. Es stimmt z. B. nicht, daß wir grundsätzlich höhere Zinsen als die anderen Banken zahlten. Der Leiter unserer Geldstelle, Herr Direktor Wickel, hatte den Auftrag, sich nach den Zinsen der anderen Institute zu richten. So ist auch manches Festgeld an uns vorbeigegangen, weil unsere Offerte von anderer Seite überboten wurde. Wir hatten es auch gar nicht nötig, mehr als andere Institute zu zahlen. Unsere Liquidität war stets vorbildlich, so daß wir auch in dem geldknappen Jahr 1973 immer unsere Mindestreservepflicht bei der Bundesbank erfüllt hatten, während laut Bundesbankmitteilung in einem Monat 62 Banken hierzu nicht in der Lage waren. Hierunter waren auch die Deutsche Bank und die Bayerische Hypotheken- und Wechselbank. Nur einmal, am 31. 5. 1974, haben wir durch einen Dispositionsfehler rund die Hälfte der Tagesmindestreserve nicht gehalten. Auch im Kreditgeschäft waren wir sehr vorsichtig, was die spätere Abwicklung wohl bewiesen hat.

Was den Devisenhandel betrifft, so hatte ich im Einvernehmen mit Graf Goltz festgelegt, daß in der Nettodevisenposition ein Eigenrisiko von $ 50 Mio., ab November 1973 (Ölkrise) 25 Mio. nicht überschritten werden durfte. Herr Dattel, der Leiter der Devisenabteilung, mußte über den Stand laufend schriftlich eine Positionsmeldung erstatten.

Dany Dattel, geboren 1939 in Berlin, trat als Lehrling 1958 in unsere Dienste ein. Als Jude kam er in jungen Jahren ins Konzentrationslager Auschwitz, wo es seiner Mutter im Jahre 1943 gelang, mit ihm zu fliehen, während seine andere Familie dort umkam. Im Jahre 1961 wurde Dattel Angestellter. Er war im Hause beliebt, galt als fleißig und wurde in den Betriebsrat gewählt. Seine „große Stunde“ schlug, als 1972 der Dollarkurs freigegeben wurde und sich durch das Floating große Möglichkeiten im Devisengeschäft ergaben. Dattel unterstand dem Leiter der Auslandsabteilung, Herrn Direktor Hedderich, der aus dem Hause der Deutschen Bank zu uns kam und unter Herrn Direktor Kaiser stellvertretender Leiter der Auslandsabteilung wurde. Als Herr Kaiser in die

Leitung der Münchner Schwesterbank wechselte, wurde er Auslandsleiter bei uns. Sein direkter Vorgesetzter war der Generalbevollmächtigte Graf von der Goltz, der wiederum mein Berichterstatter war. Ich selbst bin nie ein Freund von großen Spekulationsgeschäften gewesen. Nachdem in der Börsenabteilung zweimal Herren unseres Hauses bei verbotenen Eigengeschäften ertappt und entlassen wurden, erlaubte ich unseren Herren nur noch Geschäfte für unsere Kundschaft. Ausgenommen hiervon waren nur normale Effektenorders unserer Angestellten gegen Kontoguthaben oder gesicherten Kredit, die von der Kreditabteilung limitiert waren und genau überprüft wurden.

Als aber andere, internationale Banken damit begannen, in einer gewissen Größenordnung im eigenen Risiko Devisentermin- und Kassageschäfte zu tätigen und hieran bei dem laufend fallenden Dollar sehr gut verdienten, erklärte ich mich auf Antrag meiner Herren dazu gleichfalls in einem limitierten Rahmen bereit und beauftragte Goltz, die Überwachung vorzunehmen, da ich selbst durch meine vielen Aufsichtsratmandate und sonstige Verpflichtungen oft abwesend war. In unserem Hause wurde jeden Monat aufgrund der Bilanzvorschriften zur Jahresbilanz eine Zwischenbilanz aufgestellt, so daß schon bald die guten Gewinnergebnisse der Devisenabteilung auffielen. Dattel genoß im internationalen Devisenhandel einen ausgezeichneten Ruf. Bei mehreren Auslandsreisen wurde ich auf seine Leistungen angesprochen und auch darum beneidet.

Herr Hedderich lag mir dauernd in den Ohren, Dattel müsse gefördert werden, sonst würde er von einer anderen Bank wegengagiert. Aus diesem Grunde wurde er in relativ schnellen Abständen Bevollmächtigter, Prokurist und stellvertretender Direktor. Aufgrund der Gewinne hatten wir eine kostspielige neue Anlage installiert, an der Dattel mit seinen fünf Unterhändlern operierte. Zunächst waren Angestellten-Geschäfte grundsätzlich verboten. Auf mehrfaches Ersuchen meiner Mitarbeiter und des Betriebsrates erklärte ich mich schließlich in einer limitierten Höhe hiermit einverstanden, falls ein Einschuß von 10–30% erfolgte und die Geschäfte von der Kreditabteilung geprüft wurden. Mir wurde damals ausdrücklich erklärt, daß diese Möglichkeit auch bei verschiedenen anderen Banken im In- und Ausland bestehe. Von dieser Erlaubnis haben von unseren 850 Mitarbeitern rund 50 mit unterschiedlichen Ergebnissen Gebrauch gemacht. Ich selber habe in den ca. drei Jahren nur 20 Geschäfte getätigt, wobei ich nie über ein Risiko von DM 100.000 hinausgegangen bin. Das Ergebnis war recht erfreulich.

Wenn man das Devisengeschäft solide betreibt, sind die Risiken gegenüber der Spielbank und der Effektenbörse am kleinsten. Grundsatz muß sein, daß man seine Risiken in einem gesunden Rahmen hält und Verluste jederzeit sofort begleichen kann. Man soll nicht auf wilde Börsengerüchte hören, sondern sich die monatlichen Ausweise der verschiedenen Länder, und zwar sowohl die Handels- als auch die Zahlungsbilanz ansehen. Fallen diese Zahlen bei einem Lande längere Zeit defizitär aus, ist sicher mit einer baldigen Abwertung zu rechnen, auf die man sich einstellen kann. Das gleiche gilt bei laufenden großen Überschüssen wie in unserem Lande. Über dieses Thema hat in Köln der berühmte internationale Spekulant Kostelany, ausgerechnet im Hause der Stadtsparkasse, vor einem großen Hörerkreis gesprochen. Diese Grundsätze habe ich immer wieder meinen Herren erläutert und war der Auffassung, daß alles zum besten stehe, wie ich es auch aus den Bilanzen sah.

Später wurde ich einmal gefragt, wie wir mit einem Limit von $ 25 Millionen so große Gewinne erzielen konnten. Im Jahre 1973 betrug der Bruttogewinn im Devisen- und Edelmetallgeschäft 49 Millionen. Hiervor sind zunächst einmal ca. 15 Millionen Zinsverlust für die gehaltenen Bestände abzuziehen. Dann kommen die erheblichen Personalkosten, Telefon- und Fernsprechgebühren und die großen Umsätze, die auf alle Abteilungen kostenmäßig ausstrahlten, hinzu. Das Limit konnte Herr Dattel im Laufe des Tages so oft umsetzen, wie er es für richtig hielt. Graf Goltz sagte mir einmal, Dattel hätte ein ungewöhnliches Gespür für die Marktlage. Oft kaufe er morgens sehr zeitig eine große Position auf Termin, um sie um 10 Uhr bereits wieder mit Gewinn zu veräußern. Wenn es sich z. B. um ein 6-Monats-Geschäft handelte, blieb der Posten bis zur endgültige Abwicklung noch ein halbes Jahr offen in den Büchern stehen. Da wir grundsätzlich nur Geschäfte mit ersten Adressen tätigten, war das Kreditrisiko praktisch gleich Null. In den ganzen Jahren ist auch tatsächlich in keinem Falle ein Verlust aus den geschlossenen Positionen entstanden. Die vielen im Laufe eines Tages getätigten Abschlüsse führten aber zum Aufbau einer sehr großen Position, die in der Spitze die 20 Milliarden-Grenze überstieg.

Von den Herren der Bankenaufsicht und Landeszentralbank bin ich einige Male auf die großen Umsätze angesprochen worden, wovon ich meinen Herren jedesmal Mitteilung machte. Meine Herren verwiesen stets auf die eingehaltene limitierte Nettoposition und die Gewinne. Diese Auskunft gab ich dann telefonisch an die Behörden weiter, die auch das von mir für die Größe unseres Hauses festgelegte Nettolimit für angemessen hielten.

Im Jahre 1973 hatten die Banken bei der Geldknappheit unter großen Schwierigkeiten mit der Rentabilität zu kämpfen. Die Zinsmarge sank immer weiter herab, so daß uns die großen Devisengewinne zur rechten Zeit kamen. Ich erkläre aber ausdrücklich, daß wir auch ohne Devisengewinne einen Gewinnabschluß hätten aufstellen können, was aber die Auflösung stiller Reserven bedeutet hätte. So konnten wir noch zusätzlich 10 Millionen auf Debitoren und 6 Millionen auf Schuldscheine zurückstellen, nachdem wir bereits rund 5 Milionen versteuert den offenen Reserven zugeführt hatten. Bei den anderen Banken sah es nicht anders aus. Die Commerzbank erzielte 1973 einen Gewinn von 80 Millionen, der restlos als Dividende ausgeschüttet wurde. Für die Stärkung der offenen Reserven war kein Pfennig übrig. Wären nicht 123 Millionen außerordentliche Gewinne erzielt worden, hätte die Bank mit Verlust abgeschlossen. In dieser Position sind die Gewinne aus dem Deviseneigenhandel enthalten; der Anteil wird im Geschäftsbericht allerdings nicht angegeben. Wie schnell sich das Bild bei den Banken ändern kann, sieht man schon im Jahre 1975, in dem sich durch die rückläufigen Zinsen die Zinsmarge erheblich besserte und große Kursgewinne in den Rentenbeständen erzielt wurden.

Im Januar 1974 sprach mich auf einer Geburtstagsfeier ein Direktor der Kölner Commerzbank auf unsere erfolgreichen Devisengeschäfte an und machte dabei kein Hehl aus den Rentabilitätssorgen seines Institutes. In dieser Zeit erhielt unsere Wirtschaftsprüfungsgesellschaft Karoli von der Bankenaufsicht den Auftrag, im Rahmen der Jahresprüfung besonders eingehend die Devisenabteilung zu prüfen. Ich war hierüber sehr froh, da zu meinen Grundsätzen immer der Leitsatz gehörte: Vertrauen ist gut, Kontrolle ist besser. Neben unserer Wirtschaftsprüfungsgesellschaft wurde die Devisenabteilung noch laufend von unserer Hausrevision geprüft.

Im Februar 1974 fuhr ich nach Arosa in Urlaub und kam am 11. März zurück. Von meinen Herren wurde ich mit der erfreulichen Mitteilung empfangen, daß in den ersten beiden Monaten des Jahres 1974 bereits rund DM 50 Millionen im Devisen- und Goldgeschäft verdient worden seien, die per 28. 2. schon zu Lasten des Devisenkontos dem Gewinn- und Verlustkonto gutgeschrieben worden waren. Der geprüfte WP-Bericht lag im Entwurf vor, er wies keine Beanstandungen auf, so daß der uneingeschränkte Prüfungsvermerk erteilt werden konnte. Bezüglich des Devisengeschäftes wurde sogar zum Ausdruck gebracht, daß für das Jahr 1974 wieder mit einer namhaften Gewinnerwartung zu rechnen sei. Die Bilanz wurde in der Hauptversammlung am 23. April genehmigt. Herrn Ministerialrat Stauch, den ich auf dem Bankiertag am 11. März gesprochen hatte, wurde von mir zugesagt, den Abschluß direkt nach Fertigstellung zur Verfügung zu stellen. Bei meiner Anwesenheit in Berlin am 25. April überreichte ich ihm den Geschäftsbericht und zusätzlich die Netto-Devisen-Position vom Vortage, die ein Risiko von 12 Mio. $ auswies. Ich hatte Herrn Dattel gebeten, an diesem Tage unter keinen Umständen das Limit zu überziehen. Meine Anordnungen wären aber gar nicht nötig gewesen, da im Monat März keine Meldung eine Überziehung auswies. Kurzfristige Überziehungen konnte Graf Goltz genehmigen, wenn besondere Verhältnisse vorlagen.

Mit dem Monat März traten im Devisenhandel nicht unbedeutende Erschwernisse auf. Die Zeiten eines eindeutigen Trends beim Dollarhandel waren vorbei, die großen Verluste, die verschiedene Banken erlitten (darunter die Westdeutsche Landesbank mit rund 300 Millionen), wurden bekannt, so daß viele Institute ihr Eigengeschäft stark reduzierten oder sogar einstellten. Ich war daher froh, daß Graf Goltz mir den Vorschlag machte, ebenfalls aus dem Eigengeschäft sukzessive ganz auszusteigen und dafür das Geschäft für Dritte Rechnung, insbesondere das

Kurssicherungsgeschäft weiter auszubauen. Herr Dattel war von unserem Entschluß verständlicherweise nicht begeistert. Die letzte Mitteilung über den Stand des Devisenkontos gaben wir auf Anfrage an Herrn Direktor Weiler vom Gerling-Konzern am 22. Mai 74; sie betrug plus DM 4 Millionen, woraus sich ergab, daß zu dem Gewinn aus den ersten beiden Monaten in Höhe von DM 50 Millionen nicht viel hinzugekommen war. Mit diesem Polster war ich über das Ergebnis des laufenden Jahres durchaus beruhigt, so daß ich Ende Mai ohne Sorgen nach Timmendorf fuhr, um dort mit meiner Familie die Pfingsttage zu verleben. Aus der Bank hörte ich, daß auch Herr Dattel in Timmendorf im Hotel Maritim wäre. Da das Wetter sehr schlecht war, versuchte ich, ihm einen Besuch zu machen. In seinem Hotel hörte ich allerdings, daß er kurzfristig abgesagt hatte, wobei ich mir nichts weiter dachte.

Durch die Pfingsttage verzögerte sich die Aufstellung der Zwischenbilanz per 30. April, aus der sich auch unsere Devisenposition ergab. Am 10. Juni fuhr ich zu einer Aufsichtsratssitzung nach Wiesbaden, die im Hause Henkell stattfand. Dort wurde ich mitten in der Sitzung telefonisch durch Graf Goltz herausgerufen, der mich dringend sprechen wollte. Mir war der Anruf sehr unangenehm, da ich die Sitzung leitete, die somit unterbrochen werden mußte. Graf Goltz eröffnete mir, daß wir belogen worden seien und im laufenden Jahr rund 100 Millionen Verluste im Devisengeschäft erlitten hätten. Goltz bat mich, sofort zurückzukommen, was ohne aufzufallen bei den vielen anwesenden Herren nicht möglich gewesen wäre. Einer der Herren fragte mich schon scherzhaft bei meiner Rückkehr von dem Gespräch, wie groß denn der Verlust sei.

Unmittelbar nach der Sitzung fuhr ich nach Köln zurück und hörte dort, daß der effektive Verlust etwas niedriger bei 64 Millionen läge, da versehentlich Gewinne aus dem Goldgeschäft nicht berücksichtigt worden waren. Herr Dattel gab zu, daß verschiedene Verlustgeschäfte nicht verbucht worden seien, da er in der Hoffnung war, daß die Verluste durch Gewinne kurzfristig wieder ausgeglichen werden könnten. Ich war wie vom Blitz getroffen, da die Verluste unser Aktienkapital überschritten und unverzüglich Maßnahmen zu ergreifen waren.

Da es am Abend zu spät für einen Besuch bei Herrn Dr. Gerling bzw. Herrn Weiler war, vereinbarten wir mit dem Sekretariat einen Termin für morgens 9 Uhr am darauffolgenden Tage. Die Nacht habe ich natürlich kein Auge zugetan. An der Unterredung im Hause Gerling nahmen Graf Goltz und ich sowie zunächst Herr Weiler teil, der anschließend Herrn Dr. Gerling informierte. Da auch das Haus Gerling uns aufgrund der Zwischenbilanzen in einer guten finanziellen Situation vermutete, schlug unsere Mitteilung wie eine Bombe ein. Damit wir nicht zum Amtsgericht zu gehen brauchten, erhielten wir jedoch unverzüglich die Deckungszusage für den Verlust. In den darauffolgenden Tagen wurden dann die notwendigen technischen Maßnahmen ausgearbeitet, um den Verlust auszugleichen. Hierzu gehörten außer Bareinzahlungen seitens des Hauses Gerling auch die Auflösung von stillen Reserven bei der Bank. Zu meinem größten Bedauern mußte ich mich auch dazu entschließen, unser wertvolles Bankgebäude an den Gerling-Konzern zurückzuverkaufen, wodurch ein großer Betrag für die Verlustdeckung frei wurde.

Am 14. Juni 1974 fand dann in unserem Hause die Schlußbesprechung über die Transaktion statt, an der vom Hause Gerling außer Herrn Direktor Weiler die weiteren Vorstandsmitglieder Hoffmann und Frotz teilnahmen. Unsere Bank war außer mir durch Graf Goltz, Herrn Direktor Hedderich, den Leiter der Auslandsabteilung, und Herrn Dattel vertreten. Nachdem ich erneut alle Anwesenden zu strengsten Stillschweigen verpflichtet hatte, sagte ich, daß wir Herrn Dr. Gerling großen Dank für seine schnelle Hilfe schuldeten und daß sich Fälle von Kompetenzüberschreitungen und Nichtverbuchen von Vorgängen keinesfalls wiederholen dürften. Um sicherzugehen, fragte ich abschließend Herrn Dattel in Anwesenheit aller Beteiligten auf Ehre und Gewissen, ob der nunmehr feststehende Verlust von 64 Millionen den tatsächlichen Verlust darstelle oder ob doch noch weitere Verluste nicht verbucht seien. Herr Dattel erklärte mit fester Stimme, daß keine weiteren Verluste beständen. Erleichtert schloß ich die Sitzung.

Am Abend war ich mit meiner Frau zu einem festlichen Abendessen aus Anlaß der Anwesenheit des Generaldirektors der Volkswagenwerke bei der Kölner Vertretung eingeladen. Als ich spät nach Hause kam, lag ein Zettel meines Sohnes am Telefon, ich möchte unbedingt noch Graf Goltz anrufen. Ich ahnte Unheil und hörte dann, daß Graf Goltz noch andere Unstimmigkeiten gefunden hätte, er habe deshalb für den Samstag in der Bank eine Besprechung angesetzt, zu der er Herrn Dattel und Herrn Hedderich beordert habe. Es läge ihm natürlich sehr viel daran, wenn ich auch kommen würde. Für Samstag hatte ich eine Verabredung mit zwei Vorstandsmitgliedern einer amerikanischen Versicherungsgesellschaft, zu der ich auch den Leiter unserer Wertpapierabteilung, Herrn Fischer, gebeten hatte. Nachdem ein größeres Wertpapiergeschäft abgeschlossen war, aßen wir auf der Terrasse des Dom-Hotels. Den Amerikanern gefiel es dort so gut, daß ich Mühe hatte, die Tafel zu beenden, um in die Bank zu kommen. Als ich schließlich dort ankam, saßen meine Herren mit roten Köpfen zusammen. Graf Goltz berichtete mir, Herr Dattel habe inzwischen zugegeben, daß der Verlust viel höher sei und zwischen 470 und 520 Millionen läge. Ich wollte meinen Ohren nicht trauen, erkannte dann aber die fürchterliche Situation und ihre kommenden Folgen.

Ich war außer mir und fuhr Herrn Dattel an, er habe durch seine hemmungslosen Spekulationen unsere Bank, das Schicksal von 850 Angestellten und nicht zuletzt mein Schicksal und das meiner Familie auf dem Gewissen. Nur meine gute Erziehung hielt mich davon zurück, Dattel verdienterweise zu ohrfeigen. Ich hielt es für unwahrscheinlich, daß Herr Dr. Gerling einen solchen Verlust decken würde, und ordnete strengstes Stillschweigen an. Ich ging mit Graf Goltz erneut zum Gerling-Konzern, wo unsere Hiobsbotschaft mit Entsetzen aufgenommen wurde. Trotz des enormen Verlustes erklärte Herr Dr. Gerling sofort, die Bank müßte gehalten werden, schon um Rückwirkungen auf den Gerling-Konzern auszuschalten. Da die Verlustdeckung in bar erfolgen mußte, wurden mit unserer Wirtschaftsprüfergesellschaft Karoli eingehende Überlegungen angestellt, mit dem Ergebnis, daß nur eine Großbank über einen Kredit die Sanierung durchführen könne. Als Kreditnehmer sollte Herr Dr. Gerling gegen Verpfändung von Aktien fungieren.

In die Verhandlungen bin ich leider nicht direkt einbezogen worden. Ich erhielt den Auftrag, mich jederzeit zur Verfügung zu halten, die Bank in bisheriger Weise weiterzuführen und eventuell aufkommenden Gerüchten scharf entgegenzutreten. Diese Tage des Wartens waren für mich außerordentlich belastend. Ich habe mein Versprechen, strengstes Stillschweigen zu wahren, bis zum letzten Moment gehalten und nicht einmal meine Mutter informiert. Nur meine Frau merkte mir an, daß etwas nicht stimmte, aber auch sie schwieg ihrerseits auf meine Bitte hin.

Am Freitag, den 22. Juni, war Hauptversammlung der Gerling-Konzern Allgemeine Vers. AG, bei der ich üblicherweise die Aktien unserer Kunden vertrat. Ohne daß ich darüber informiert war, wurde von dritter, mir unbekannter Seite der Antrag gestellt, mich als erfahrenen Bankier in den Aufsichtsrat zu wählen. Der Antrag mußte schon aus Gründen des Aktiengesetzes abgelehnt werden. Auf der Sitzung habe ich Herrn Dr. Gerling zum letzten Mal gesehen; er machte wie immer einen ruhigen und ausgeglichenen Eindruck. Am gleichen Mittag aß ich noch zusammen mit Herrn Dr. Fernholz, dem stellvertretenden Aufsichtsratsvorsitzenden unserer Bank, dem ich nichts über die Situation der Bank sagen durfte. Er hat mir dies leider sehr übelgenommen und ist später auch aus dem Aufsichtsrat des Gerling-Konzerns ausgetreten. Ebenfalls nicht informiert war der Generalbevollmächtigte unseres Hauses, Herr Fischer, der von unserer Insolvenz erst während eines Empfanges in Hamburg erfuhr.

Im Anschluß an die Hauptversammlung im Gerling-Konzern konnte ich nur erfahren, daß die Sanierungsverhandlungen im vollen Gange seien. Dann folgte das nicht zu Ende gehen wollende Wochenende. Am Montag, den 24., hatte ich den Fassadenentwurf für unseren Neubau in Bonn zu begutachten. Der Bonner Direktor, Herr Saure, sagte mir später, daß er mir meine Nervosität nicht angemerkt habe. Am darauffolgenden Dienstag hatte ich eine Aufsichtsratsitzung der Mietfinanz in Bremen. Vorsichtshalber fragte ich bei Herrn Weiler an, ob ich in dieser Situation nicht absagen sollte. Ich sagte Herrn Weiler, daß im Aufsichtsrat der Mietfinanz eine Reihe Banken vertreten seien und sich bei meinem Nichterscheinen Mutmaßungen ergeben könnten. Es wurde dann beschlossen, daß ich doch nach Bremen fahren sollte. Bis dahin hatte lediglich ein Großkonzern, der als besonders liquide bekannt war, unter einem fadenscheinigen Grund sein großes Festgeldkonto vorzeitig abgezogen. Die Sitzung in Bremen war für mich eine Tortur, zumal dort nur von dem sehr guten Ergebnis der Gesellschaft die Rede war. Auf meine Situation wurde ich zum Glück nicht angesprochen. Im Anschluß an die Sitzung gab es die Besichtigung eines Hochofens der Klöckner-Werke. Als ich von oben in die Glut sah, durchzuckte mich für einen Augenblick der fürchterliche Gedanke, hinabzuspringen und damit alles hinter mir zu haben. Am anschließenden Abendessen nahm ich nicht mehr teil. Aus dem TEE-Zug telefonierte ich noch mit Köln, ohne etwas Neues zu erfahren.

Dann folgte der schicksalhafte 26. Juni. Im Laufe des Vormittags fanden mehrere höhere Geldabzüge statt, die ich meinen fragenden Mitarbeitern mit Dispositionen zum Halbjahrestermin erklärte. Bis zum Schluß war unsere Bank so liquide, daß sie allen Anforderungen entsprechen konnte. Dazu gehörte auch der Abzug von 69 Millionen seitens des Gerling-Konzerns zugunsten unserer Schwesterbank, der Globalbank, die mit in den Strudel gerissen worden wäre, hätte sie nicht die Westdeutsche Landesbank gestützt.

Das Mittagessen, bei dem keine Probleme diskutiert wurden, nahm ich mit einigen Kollegen im Börsenkeller der neben uns liegenden Industrie- und Handelskammer ein. Als ich gegen 15 Uhr in die Bank zurückkehrte und immer noch hoffte, bald etwas Positives über die Sanierungsverhandlungen zu hören, erhielt ich kurz darauf den Anruf von Herrn Ministerialrat Stauch von der Bankenaufsicht. Er teilte mir mit, daß die Sanierungsverhandlungen leider gescheitert seien und daher die Bank sofort geschlossen werden müsse. Eine entsprechende fernschriftliche Anordnung sei unterwegs. Da ich über Einzelheiten nicht informiert war, fragte ich Herrn Dr. Stauch, der im übrigen sein Erstaunen zum Ausdruck brachte, daß ich nicht an den Verhandlungen teilgenommen hatte, ob die drei Großbanken einen Kredit an Herrn Dr. Gerling abgelehnt hätten. Ich fragte Herrn Dr. Stauch, ob auch Herr Poullain von der Westdeutschen Landesbank, den ich zu einer Verhandlung vorgeschlagen hatte, angesprochen worden sei, was Herr Dr. Stauch verneinte. Kaum hatte ich den Hörer aufgelegt, rief im Auftrage von Herrn Dr. Gerling Herr Weiler an, der mir sofortigen Schließungsauftrag erteilte.

Ich war total erledigt, mein Lebenswerk war zerstört durch unnötige, hemmungslose Geschäfte eines skrupellosen Spekulanten.

Da ich nicht mehr in der Lage war, die notwendigen Anordnungen zu erteilen, rief ich Graf Goltz an und bat ihn, das weitere zu veranlassen. Anschließend nahm ich die Familienbilder von meinem Schreibtisch, an dem ich 18 Jahre gearbeitet hatte, steckte sie in die Tasche, die ich schon als Direktor der Bank für Gemeinwirtschaft benutzt hatte, verabschiedete mich und verließ wortlos die Bank. Ich ging zu Fuß zum Bahnhof, um dort eine Taxe zu nehmen. Alles schwamm mir vor den Augen, das Leben schien seinen Sinn verloren zu haben. Der Taxifahrer, der mich kannte, fragte mich, ob mein Fahrer in Urlaub sei.

Zu Hause empfing mich meine Familie und versuchte, soweit dies möglich war, mich in meiner trostlosen Stimmung etwas aufzurichten. Im Laufe des Nachmittages kamen dann noch Freunde, darunter mein Rechtsanwalt Herr Dr. Pflitsch und auch Herr Direktor Hermanns von der Stadtsparkasse, den ich wegen seiner über den Sparkassenrahmen weit hinausgehenden Tüchtigkeit besonders schätzte.

Im Laufe des Abends trafen – wie bei einer Beerdigung – viele Briefe, Telegramme und Blumen ein. Von Herrn Dr. Pflitsch erfuhr ich, daß sich die Staatsanwaltschaft in unseren Insolvenzfall eingeschaltet hatte. Er riet mir, unverzüglich den leitenden Staatsanwalt aufzusuchen. Ich ging mit Herrn Dr. Pflitsch zu dem damals zuständigen Oberstaatsanwalt Eulenkamp, der mich aufforderte, ihm einen schriftlichen Bericht einzureichen, was am 1. Juli erfolgte. Dieser Bericht, der 8 Seiten umfaßt, ist bis zum Dezember 1975 mein einziger Verkehr mit der Staatsanwaltschaft gewesen.

Unsere Zahlungseinstellung war für die Stadt Köln und ihre Bürger eine sehr unerfreuliche Tatsache, zumal sie vollkommen unerwartet kam. Um ein drohendes Konkursverfahren abzuwenden, trat ich sofort den schweren Gang zum Amtsgericht an und beantragte sowohl für die Bank als auch für mich persönlich die Eröffnung des Vergleichsverfahrens. Als ich mit dem Rechtsanwalt der Bank zum Amtsgericht fuhr, tobte ein schweres Gewitter und gab den richtigen Rahmen für die schwärzeste Stunde meines Lebens ab.

Zum vorläufigen Vergleichsverwalter der Bank setzte der Richter, Herr Dr. Uhlenbrock, Herrn Wirtschaftsprüfer Dr. Reiss ein. Mein persönlicher vorläufiger Vergleichsverwalter wurde Herr Rechtsanwalt Zenz II. Als Abwickler für die Bank wurde ein Generalbevollmächtigter der Deutschen Bank, Herr Woeste, bestimmt. Es lag nahe, daß er seine Tätigkeit im wesentlichen dazu benutzte, bei den Abwicklungsgeschäften seine Bank zu bevorzugen. Auf dem Abwicklungskonto standen meistens über mehrere 100 Millionen DM Guthaben, die in der damals noch geldknappen Zeit sehr interessant waren. Beim Tempo der Veräußerung der Geld- und Devisenbestände entstanden erhebliche zusätzliche Verluste. Ich bot Herrn Woeste meine Dienste bei der Abwicklung an, die aus meiner Kenntnis der Debitoren für die Bank nicht uninteressant gewesen wären. Herr Woeste lehnte jedoch ab, während er Graf Goltz, Herrn Hedderich, Herrn Wickel u. a. noch monatelang weiterbeschäftigte.

Es war naheliegend, daß die Kundschaft laufend an mich herantrat, um ihr bei der Überleitung ihrer Geschäfte zu anderen Banken behilflich zu sein. Herrn Woeste paßte solche Beratung nicht, er erteilte mir sogar Hausverbot. Gleichfalls Hausverbot wurde unserem Rechtsanwalt erteilt. Dafür wurde für die juristische Beratung eine von der Deutschen Bank empfohlene Societät eingesetzt. Herr Woeste war ein sehr von sich überzeugter Herr, der arrogant auftrat und sich nicht genierte, im Kölner Nobelrestaurant „Goldener Pflug“ auf Kosten der Masse Kaviar zu verspeisen. Da er wohl seinen Aufgaben nicht voll gewachsen war, wurde er bereits nach drei Monaten durch die Treuarbeit, vertreten durch ihre Wirtschaftsprüfer Müller und Schaeper, abgelöst. Sein Honorar von DM 250.000 wurde wohl auf Veranlassung der Deutschen Bank zurücküberwiesen. Für die 850 Mitarbeiter der Bank war die Zahlungseinstellung besonders bitter, da zu dieser Zeit Bankfachleute auf dem Arbeitsmarkt nicht sehr gefragt waren. Es wurde daher aufgrund eines Sozialplanes versucht, ihnen ihre Situation zu erleichtern.

Für mich kamen dann die schweren Wochen des Tauziehens um das Zustandekommen des Vergleiches. Hier gebührt besonderer Dank dem verantwortlichen Richter, Herrn Dr. Uhlenbrock, der seine ganze Kraft für den schwierigen Abschluß einsetzte. Ein Konkurs hätte für die Gläubiger erhebliche wirtschaftliche Nachteile gebracht, da nur vage Hoffnungen auf eine hundertprozentige Befriedigung bestanden. Eine Gruppe unter Führung des Frankfurter Rechtsanwaltes Dr. Peltzer plädierte für Konkurs, da sie über die 85prozentige Beteiligung des Hauses Gerling an der Bank die Durchgriffshaftung zum Erfolg bringen wollte. Es kam also darauf an, daß den Gläubigern ein möglichst günstiges Abfindungsangebot gemacht wurde, damit der Konkursantrag wegen seiner Risiken nicht zum Zuge kam. Nach langwierigen und schwierigen Verhandlungen, in die auch der frühere Krupp-Chef, Herr Vogelsang, eingeschaltet wurde, kam schließlich ein Angebot an die Gläubiger zustande, in dem den Privateinlegern bis zu DM 20.000 eine 100prozentige Befriedigung, bei höheren Guthaben 65prozentige Auszahlung in kürzester Frist angeboten wurde. Die Auslandsbanken und Kommunen sollten 55 % und die Inlandsbanken 45 % erhalten. Eventuelle Besserungsquoten sollten nach einem festen Plan, zunächst zugunsten der benachteiligten Banken, aufgeteilt werden.

Dieser Vorschlag sollte Herrn Dr. Gerling rund 230 Millionen DM kosten. Um den Betrag flüssig zu machen, mußte er einen großen Teil der Aktien seines Konzerns und damit auch die Mehrheit veräußern, was ihm verständlicherweise sehr schwerfiel. Ich bedauerte damals außerordentlich seine Situation, die ich indirekt verschuldet hatte. Leider hatte ich keinerlei Verbindung mehr mit ihm, ein Geburtstagsglückwunsch von mir wurde nicht mehr beantwortet. In den 18 Jahren der positiven Zusammenarbeit hatten mich oft Vorstandsmitglieder des Gerling-Konzerns darum beneidet, daß ich ein so gutes Verhältnis zu Herrn Dr. Gerling besaß, während im Konzern, den er mit strenger Hand führte, oft unerfreuliche Auseinandersetzungen stattfanden. Ich antwortete darauf stets, Herr Dr. Gerling lege nur Wert auf Leistung und Erfolg; und gab der Hoffnung Ausdruck, daß mich niemals der Erfolg verlassen möge.

Im Anschluß an unsere Insolvenz gerieten eine Reihe anderer Privatbanken in Schwierigkeiten, da viele Kunden durch die Vertrauenskrise Guthaben abzogen. In Köln mußte deshalb auch das renommierte Bankhaus Ferd. Schroeder schließen. Die Ursachen bei diesem Hause lag allerdings nicht in Devisenverlusten, sondern in Pleiten auf dem Baumarkt. Wie auch bei uns traten die Großbanken nur beschränkt ein. Diese pflegen zwar immer nach außen hin so zu tun, als ob sie privatbankenfreundlich sind, jedoch stets nur so lange, wie keine Konkurrenz entsteht. In unserem Falle hatte sich Herr Ullrich von der Deutschen Bank, ein persönlicher Freund von Herrn Dr. Gerling, noch um ein Stützungskonsortium mit den beiden anderen Großbanken bemüht, die aber beide ablehnten. Ich erinnere mich noch eines Fotos aus dem „Spiegel", das Herrn Ullrich mit dem inzwischen ermordeten Chef der Dresdner Bank, Herrn Ponto, zeigt.

Ein berühmter Bankier, Herr Forberg, früher bei C. G. Trinkaus, hat mir einmal gesagt: „Herr Herstatt, ich gebe Ihnen den Rat, immer überliquide zu bleiben und bei Krediten vorsichtig zu sein. Im Ernstfall hilft den Privatbanken keiner, die Großbanken und die öffentlich rechtlichen Institute werden dagegen vom Staat bzw. vom Steuerzahler gestützt." So geschah es bei der Hessischen Landesbank und der Investitions- und Handelsbank, deren Verluste weitaus größer als bei uns waren. Diesen Rat von Herrn Forberg habe ich immer beherzigt, konnte aber nicht ahnen, daß ich in verbrecherischer Weise durch Devisenspekulation zu Fall gebracht würde. Bei einem Vergleich wäre ich juristisch von einer Haftung mit meinem Vermögen befreit gewesen. Auf dringenden Rat von Herrn Dr. Uhlenbrock stellte ich jedoch schweren Herzens im Interesse meiner Gläubiger freiwillig mein gesamtes Vermögen zur Verfügung. Hierin waren auch meine Pensionsansprüche und die Lebensversicherung einbegriffen. Unter das Vermögen fiel auch das Grundstück des alten Bankhauses Herstatt in der Hohen Pforte, was mich besonders hart traf. Meine Vorfahren würden sich sicherlich im Grabe herumdrehen, wenn sie hiervon noch Kenntnis erhalten hätten.

Ausgenommen wurde lediglich das Wohnhaus Eugen-Langen-Straße, das mir meine Mutter unter der Bedingung geschenkt hatte, daß ich nach ihrem Tode je 1/3 des Verkehrswertes in bar an meine beiden Schwestern auszahlen müsse. Da ich hierzu wahrscheinlich nicht mehr in der Lage sein werde, machte meine Mutter die Schenkung rückgängig und übertrug das Haus an meine vier Kinder.

Der wesentliche Teil meines Vermögens bestand allerdings aus Aktien der Bank, die durch die Insolvenz wertlos geworden waren. Durch dieses Opfer wurde ich praktisch vermögenslos, während Herr Dr. Gerling noch ein sehr großes Vermögen behielt. Als Bankier war ich nun einmal persönlich haftender Gesellschafter, was große Verpflichtungen nach sich zieht. Früher durfte man sich nur Bankier nennen, wenn man voll mit seinem Vermögen haftete. Heute haben sich auch Großbank- und Sparkassendirektoren den Titel Bankier zugelegt, ohne jede Haftung. Haben sie Pech, dann werden sie allenfalls pensioniert, verlieren aber weder Vermögen noch Pension (siehe den Fall Hessische Landesbank).

Die Vergleichsverhandlungen gestalteten sich sehr schwierig, so daß die erste Gläubigerversammlung erst am 17. Dezember, also rund ein halbes Jahr nach der Pleite, in der Kölner Sporthalle anberaumt werden konnte. Es war wohl die größte Versammlung dieser

Art, die die Stadt Köln je erlebt hat. Rund 3000 Gläubiger erschienen dazu und tagten von morgens 9 Uhr bis in die Nacht. Dann erst wurde der Vergleichsvorschlag mit der erforderlichen Mehrheit gebilligt. Ich wiederhole, daß wesentlichen Anteil an dem Zustandekommen der Richter Herr Dr. Uhlenbrock hatte, der wie ein Löwe im Interesse der Gläubiger kämpfte.

Ich konnte an der Versammlung wegen meines Gesundheitszustandes nicht teilnehmen und lag mit Blutdruck 220 im Krankenhaus. In größter Nervosität verfolgte ich an einem kleinen Transistorgerät die laufenden Meldungen von der Sitzung, wobei mir ein Stein vom Herzen fiel, als endlich gegen 10 Uhr abends der Vergleich auf der vorgeschlagenen Basis zustande kam. Trotz der ungeheuren Abwicklungskosten ist der Vergleich planmäßig beendet worden, so daß bis zu seiner amtlichen Aufhebung am 21. 4. 1977 bereits 2 Besserungsquoten ausgezahlt werden konnten. Der Hauptgrund für die günstigere Abwicklung war die schnelle Rückführung des von mir geleiteten Debitorengeschäftes. Seit dem 21. 4. 1977 fungiert der Vergleichsverwalter nur noch als Sachverwalter und versucht, mit den Abwicklern noch weitere Besserungsquoten herauszuwirtschaften.

Mit dem Zustandekommen des Vergleichs zog ich meinen persönlichen Vergleichsvorschlag auf 100 %ige Befriedigung der Gläubiger zurück, da meine persönlichen Schulden im wesentlichen aus Steuerschulden bestanden, die laut Treuhandvertrag von meinem Vermögen zunächst abgesetzt wurden, ehe die Übertragung an die Masse erfolgte. Trotz des schwebenden Vergleichsverfahrens konnte es nicht verhindert werden, daß laufend Zwangsmaßnahmen gegen mich eingeleitet wurden. Der Gerichtsvollzieher ging bei uns ein und aus, einmal wurde sogar bei mir eine Taschenpfändung ohne Erfolg vorgenommen.

Unsere private finanzielle Situation war seit der Pleite katastrophal geworden, da der Gläubigerbeirat sich zunächst weigerte, mir überhaupt eine Übergangsvergütung zu zahlen, obwohl im § 56 der Vergleichs-Ordnung festgelegt ist, daß der Vergleichsschuldner Anspruch auf eine Vergütung zu einer sparsamen Lebensführung während der Laufzeit des Vergleiches hat. Es mußten daher Freunde einspringen, um uns Bargeld zu leihen. Außerdem verkauften wir Bilder und Schmuck meiner Frau. Das wertvollste Gemälde war ein Hofer, den mir Herr Dr. Gerling und seine Gattin zum 60. Geburtstag geschenkt hatten und von dem ich mich nur schwer trennte. Schließlich erklärte sich die Bank bereit, mir monatlich DM 3000,– zu zahlen, stellte aber die Zahlungen sofort ein, als ich am 26. 8. 1976 vorübergehend verhaftet wurde. Seit dieser Zeit kommt meine Familie für unseren Lebensunterhalt auf, da ich vor Beendigung des Verfahrens unmöglich eine neue Position annehmen kann.

Ich brauche wohl nicht zu sagen, welch unerfreuliche Situation, insbesondere für meine tapfere Frau, es bedeutete, einen Bankier-Haushalt auf sparsamste Lebensführung zurückzuschrauben. Zum Glück sind mir außer meiner Familie manche Freunde treu geblieben, die uns weitergeholfen haben.

Während der Gläubigerbeirat sich sehr schwer tat, mir monatlich DM 3000,– zu bewilligen, haben sich die Herren der Abwicklung aufgrund einer reformbedürftigen Gebührenordnung im wahrsten Sinne vollauf bedient, so daß man fast von Leichenfledderei sprechen kann. Herr Dr. Reiss, ein bis dahin kaum bekannter Wirtschaftsprüfer in Köln, kassierte für die Zeit des Vergleichs, also ohne Sachverwaltung, insgesamt DM 8.320.000; die Treuarbeit als Abwickler, vertreten durch die Herren Müller und Schaeper, DM 300.000 pro Monat, das sind 3.600.000 pro Jahr; der Leiter des Gläubigerbeirats, Herr Rechtsanwalt Dr. Heidland, bekam DM 607.000; die Mitglieder, soweit sie die ganze Vergleichszeit tätig waren, rund DM 400.000; diejenigen Herren, die später hinzukamen oder vor Beendigung des Vergleichs abgelöst wurden, entsprechend weniger. Schließlich wurden unserem Betriebsratvorsitzenden, der hauptsächlich wegen des Sozialplans ebenfalls im Gläubigerbeirat tätig war, DM 73.000 zuerkannt. Die Societät Guhrland, Schlütter, Luer erhielt für ihre juristische Tätigkeit ein monatliches pauschales Honorar, zeitweise in Höhe von DM 143.000. Dabei sollte nicht vergessen werden, daß Herr Luer, ein erfolgloser Angestellter unseres Hauses, erst kurz vor der Pleite aus unserer Tochtergesellschaft Kapitalfonds ausschied, um in die Societät einzutreten.

Risiken wurden selbstverständlich zu Lasten der Masse versichert. Bei Zweifelsfragen wurden teure Gutachten angefordert. So wußte man nicht, ob der Julikupon nach der Insolvenz am 26. Juni noch in die

Masse gehöre. Für mich als Fachmann war selbstverständlich, daß dies nicht der Fall war. Daß die Banken bereits 14 Tage vor Fälligkeit die Kupons trennen und zum Inkasso versenden, hat allein technische Gründe. Bei den Bundesanleihen gibt es ohnehin seit Jahren keine Stücke und Kuponbogen mehr.

Wenn, wie hier, Honorare in keinem Verhältnis mehr zur Leistung stehen, so müßte die Gebührenordnung, zum Beispiel durch Festlegung von Höchstsätzen, geändert werden. In diesem Zusammenhang darf noch erwähnt werden, daß Herr Dr. Uhlenbrock, der schließlich den Vergleich zustande gebracht hat, außer seinem Richtergehalt nichts bekommen hat.

Daß es für mich sehr bitter war, meinen Stuhl in der Bank dem Vergleichsverwalter, Herrn Dr. Reiss, zur Verfügung zu stellen, lag auf der Hand. Herr Dr. Reiss war auch Kunde unseres Hauses gewesen. Ich hatte ihm Klienten für seine Praxis zugeführt, während er uns laufend Konten vermittelte, wofür er eine Provision in bar erhielt. Mein persönlicher vorläufiger Vergleichsverwalter bzw. Treuhänder bei der Überleitung meines Vermögens, Herr Rechtsanwalt Zenz II, erhielt schließlich noch rund DM 300.000.

Die Insolvenz hatte weitere, sehr bittere Folgen für mich. Natürlich legte ich meine 19 Mandate in den verschiedenen Aufsichtsräten nieder. Hierunter waren auch Posten in großen Aktiengesellschaften, die ich teilweise schon über 15 Jahre ausübte. Durch die vielen Sitzungen, in denen ich mit verschiedensten Vertretern der Wirtschaft zusammenkam, erhielt ich einen weitgehenden, für mich wichtigen Einblick in die finanzielle Situation der Unternehmen. Nur einen Posten behielt ich bis heute. Es handelt sich dabei um eine große Privatfirma, die jegliche Unredlichkeit bei mir ausschloß und auf meine Beratung weiterhin Wert legt.

Dann trat ich – schon aus finanziellen Gründen – aus allen Vereinen aus und legte meine 12 Schatzmeister-Posten nieder. Ich hielt es für richtig, mich bis zu meiner Rehabilitierung im bevorstehenden Prozeß vom öffentlichen Leben ganz zurückzuziehen und nur noch mit den engsten Freunden zu verkehren. Dieser Einschnitt in meinem Leben fiel mir sehr schwer. So habe ich nicht mehr den Golfplatz betreten, auf dem ich an den Wochenenden Ausgleich für meine Bürotätigkeit fand. In dem Verein war ich immerhin 47 Jahre Mitglied, davon über 10 Jahre im Vorstand. Im Mittelrheinischen Automobilclub war ich in 25 Jahren unter 6 Präsidenten Schatzmeister gewesen. Schwer fiel mit auch der Austritt aus dem Lionsclub und dem Förderer-Verein für die Oper, den ich mitgegründet hatte. Seit dieser Zeit bin ich auch nicht mehr in der Kölner Oper gewesen. Zu den niedergelegten Posten gehörte auch der Schatzmeister-Posten in der Germania Judaica, die durch Spenden und Beiträge eine große Bibliothek jüdischer Schriften zusammengetragen hatte. In dieser Gesellschaft war ich im Vorstand u. a. zusammen mit dem Schriftsteller Heinrich Böll gewesen, der ganz links stand. Wie meistens machte der Kommunismus aber auch bei ihm vor der eigenen Türe halt. Als ich den gutverdienenden Schriftsteller einmal um eine Spende für den stets Geld suchenden Verein bat, lehnte er brüsk ab und sagte, Spenden wären eine Sache der Kapitalisten.

Besonders leid tat mir der Abschied vom Karneval, für den mein Kölner Herz von Jugend an geschlagen hatte. Neben vielen Ehrenposten in den einzelnen Gesellschaften war ich über 20 Jahre Schatzmeister des Großen Senates.

Da ich alle Posten auf einen Schlag los wurde, hatte ich das Gefühl, ein armer zappelnder Fisch zu sein, den man aus dem Wasser gezogen hat und auf dem Lande absterben läßt. In der ersten Zeit besuchten mich noch zahlreiche Kunden der Bank, bis sie – teilweise mit meiner Hilfe – neue Verbindungen gefunden hatten. Meine verfügbare Zeit wurde immer größer, ein früher nicht gekannter Zustand. Nach der Pleite hatte ich gehofft, daß der Prozeß etwa ein Jahr später folgen würde. Ich konnte nicht ahnen, daß sich allein die Ermittlungen der Staatsanwaltschaft über vier Jahre hinziehen würden. Größere Reisen schieden wegen unserer finanziellen Situation von vornherein aus. Als mich meine Mutter einmal mit meiner Schwester zu den Festspielen nach Verona einlud, wurde in Kölner Justizkreisen erzählt, wir hätten dort in einer Suite in einem vornehmen Hotel gewohnt, wobei in einem Eurohotel 3 Zimmer für 4 Personen wohl nicht zuviel sein dürften. Ein interessierter Herr ist sogar in das Hotel gegangen, um nach dem Zimmerpreis zu fragen, wobei er erstaunt über die Höhe war. Wahrscheinlich hat er Lire mit DM verwechselt.

Um meine viele Freizeit auszufüllen, begann ich, wozu ich früher nur selten Zeit fand, mit intensiver Lektüre, insbesondere Romanen. Auch interessierte ich mich für die amerikanische Geschichte, da uns mein in Texas lebender Schwager zu einem Besuch eingeladen hatte. Im April 1975 reisten wir in die USA. Es war ein herrlicher Flug; in der Maschine waren nur etwa 25 Passagiere, darunter auch der bekannte deutsche Wirtschaftskapitän Otto Wolff von Amerongen, den ich schon vom Gymnasium her kannte. Die gleiche Schule, genannt „Kreuzgasse", hatten auch Herr Dr. Hans Gerling (zwei Klassen unter mir) und seine beiden Brüder, die später aus dem Konzern ausschieden, besucht. Der ältere Bruder Robert ging in meine Klasse, während der jüngere Bruder Walter fünf Klassen unter mir mit Otto Wolff von Amerongen seiner Schulpflicht nachkam. Dieser war ein Kind des Stahlmagnaten Otto Wolff und seiner Sekretärin Fräulein Pieper. Zur „Beordnung" arrangierte ihr Herr Otto Wolff eine Kurzehe mit dem verarmten Adligen von Amerongen und adoptierte anschließend seinen eigenen Sohn. Die beiden Stiefbrüder Otto und Hans Wolff waren keine leiblichen Kinder von Herrn Wolff, sondern vorher adoptiert, da seine Ehe kinderlos war. Mit dem ehrgeizigen und tüchtigen Otto Wolff von Amerongen hatte ich mehrere Jahre engeren Kontakt, als ich während meiner Tätigkeit bei der Bank für Gemeinwirtschaft stellvertretender Aufsichtsratvorsitzender der Rasselstein AG war.

In Köln wurde während meiner Amerikareise erzählt, ich sei ausgewichen und käme von der Fahrt nicht mehr zurück. Eine Absicht, die ich nie hatte, weil ich großen Wert auf eine Rehabilitierung legte und Flucht ja einem Schuldanerkenntnis gleichkäme. Die fünf Wochen in den USA waren sehr beeindrukkend für mich. Mein Schwager fuhr mit uns von Texas durch mehrere Staaten bis nach San Francisco, der vielleicht schönsten und interessantesten Stadt der Welt. Was mir in Amerika besonders imponierte, war die viel rationellere Arbeitsweise dort.

Als wir im Mai zurückkehrten, sollte es noch sieben Monate dauern, bis sich zum ersten Mal der Staatsanwalt meldete. Zwangsläufig mußte ich mir dann einen Strafverteidiger nehmen. Mein Zivilanwalt, Herr Dr. Pflitsch, vermittelte mir den in Köln angesehenen Anwalt Herrn Dr. Feller. In seiner Gegenwart wurde ich im Dezember 1975 zu mehreren Vernehmungen geladen, die der leitende Staatsanwalt im Beisein eines weiteren Staatsanwaltes und eines Wirtschaftssachverständigen führte. Ich wurde sehr höflich empfangen, jedesmal wurde erstklassiger Kaffee gereicht. Ich beantwortete alle Fragen und legte den Herren dar, wie ich von meinen Mitarbeitern hintergangen worden war. Ich hatte den Eindruck, daß meine Ausführungen akzeptiert wurden. Die Verhandlungen leitete Herr Staatsanwalt Willems, in dem ich mich allerdings restlos täuschte. Er war mir gegenüber freundlich, so daß ich nicht merkte, wie er nur darauf wartete, mich durch geschickte Fragen hereinzulegen. Vom Typ her erinnerte er mich an den Fernseh-Showmaster Wim Thoelke.

Laut „Spiegel" war sein Lieblingslokal in Köln „Die Keule", wo er auch den Spitznamen „Big Wim" hatte.

Nach der Vernehmung vergingen insgesamt 8 Monate, ehe ich in anderer Form von der Staatsanwaltschaft hören sollte. Eine schreckliche Wartezeit.

Drittes Kapitel

In Untersuchungshaft (1976)

Langsam rückte der für mich schwarze 26. August 1976 näher. Morgens um 6 Uhr klingelte es Sturm an unserem Hause. Drei Kriminalbeamte erklärten mir, sie hätten einen Haftbefehl und müßten mich sofort mitnehmen. Grund des Haftbefehls nach über zwei Jahren: Flucht- und Verdunklungsgefahr. Lächerlich, da ich nach der Insolvenz bereits mehrfach im Ausland gewesen war und keine Unterlagen der Bank mehr besaß. Im übrigen ging aus dem Haftbefehl hervor, daß man meinen Aussagen keinen Glauben geschenkt hatte und irrigerweise annahm, ich sei über die Verfehlungen von Dattel & Co. informiert gewesen.

Gleichzeitig mit mir wurden Graf Goltz, die Herren Hedderich, Dattel, Wickel und zwei Devisenhändler verhaftet und zunächst voneinander getrennt in Gefangenenzellen des Gerichtsgebäudes gesperrt, um dann einzeln dem Haftrichter vorgeführt zu werden. In Gegenwart des Staatsanwaltes und meines Rechtsanwaltes, der genauso überrascht war wie ich, erklärte ich zu den Anschuldigungen bzw. Verdächtigungen, daß sie allesamt nicht stimmten, und verlangte, daß über meine Stellungnahme ein Protokoll angefertigt wurde. Eine selten schlechte Sekretärin vertippte sich pausenlos und mußte laufend radieren bzw. streichen, bis das Protokoll fertig war. Der Haftrichter, ein Herr Baumanns, noch jung, mit Bart, äußerte sich nicht, schien aber auch von der Materie nicht allzuviel zu verstehen. Abschließend fragte ich dann, ob ich wieder nach Hause gehen könne, was verneint wurde. Ich wurde in eine Zelle zurückgebracht, um mit dem nächsten Transport nach Ossendorf, wo das Kölner Gefängnis mit dem Spitznamen „Klingelpütz" liegt, gebracht zu werden. Aufmerksamerweise hatte man mir sogar das Mittagessen, eine Wurst mit Rotkraut, aufgehoben. Mir war aber so übel, daß ich höflich ablehnte.

Als ich in die „grüne Minna" verladen wurde, wartete auf dem Hof eine Reihe von Fotografen, wahrscheinlich die gleichen, die mich früher bei Festveranstaltungen für die Zeitungen geknipst hatten. Für mich wurde sogar ein Sonderwagen eingesetzt, während normalerweise stündlich verschiedenste Gefangene zusammen in einem Wagen transportiert werden. Als ich an meiner früheren Bank vorbeifuhr, verstand ich die Welt nicht mehr.

Die Aufnahme in einem Gefängnis erfolgt nach althergebrachtem Modus. Zuerst werden eine Reihe von Formularen ausgefüllt. Dann muß man alle Privatsachen, vom Nagelreiniger bis zum Portemonnaie, abgeben. Als Untersuchungsgefangener braucht man keine Anstaltskleidung zu tragen, dafür muß man aber für Waschen und Wechseln selbst Sorge tragen,

d. h. bei Besuchen muß der Wechsel, der natürlich streng überwacht wird, erfolgen. Viele U-Häftlinge entscheiden sich daher für die Gefangenenkleidung, die automatisch einmal in der Woche gewechselt wird. Ich blieb natürlich bei meiner Zivilkleidung. Der „Klingelpütz" in Köln, ein erst vor wenigen Jahren erbautes neues Gefängnis, faßt etwa 1200 Insassen. Hiervon sind 10 Häuser mit je 60 Plätzen für 600 männliche U-Häftlinge vorgesehen, drei Häuser für Frauen und ein großes Haus mit 300 Plätzen für strafgefangene Männer. In diesem Haus ist Gefangenenkleidung Vorschrift. Solange das Urteil nicht rechtskräftig ist bzw. die Revision läuft, bleibt man U-Häftling unter etwas besseren Bedingungen.

Ich wurde Haus 10 zugeteilt und bekam eine Einzelzelle. Man kann auch zu zweit oder zu viert untergebracht werden. Wünsche dieser Art, oft von Homosexuellen vorgebracht, werden nach Möglichkeit auch berücksichtigt. Später hörte ich, daß die acht Herren des Bankhauses Herstatt getrennt in acht Häusern untergebracht worden waren, um Unterhaltungen auf dem Gefängnishof von vornherein auszuschließen. Die Gefangenenwärter heißen heute Flügelverwalter und tragen grüne Uniform. Jedes Haus hatte drei Flügelverwalter, die dreimal um die Uhr abgelöst wurden.

Ich wurde gegen 6 Uhr abends in meine Zelle gebracht, etwa 6 qm groß und mit einem vergitterten Fenster zum Zellenhof hinaus. Den Hauptplatz nahm die Bettstelle ein, auf der man in einem Schlafsack mit einer Decke schläft. Direkt neben dem Bett befand sich ein winziger Tisch und ein Stuhl sowie ein Spind. Der Waschtisch war so klein, daß man nicht einen Fuß hineinstellen konnte. Aus dem Wasserhahn lief ein dünner kalter Strahl. Brausen konnte man sich nur einmal in der Woche, viel zuwenig für Menschen, die an Hygiene gewöhnt sind. Der Lokus war kein Eimer mehr wie früher, sondern ein Wasserklosett ohne Brille.

Alle Anordnungen im Gefängnis werden über Lautsprecher erteilt. Man kann auch den Rundfunk hören, dessen Sendungen aber einheitlich von einer Zentrale gesteuert werden und fast nur aus Nachrichten und Pop-Musik bestehen. Kaum wird etwas Gutes, wie eine Beethoven-Sinfonie, angesagt, wird sofort wieder auf Pop-Musik umgeschaltet. Der Radioapparat läuft den ganzen Tag von 6.30–22 Uhr; man kann ihn aber abstellen. Geweckt wird morgens pünktlich um 6.30 Uhr. Da es bereits um 7 Uhr Frühstück gibt, das man angezogen in Empfang zu nehmen hat, muß man sich mit Waschen, Rasieren usw. sehr beeilen, zumal um 7 Uhr der Strom zum Rasieren wieder abgestellt wird. Das Frühstück besteht aus 4 Schnitten Brot, Butter und Marmelade sowie sonntags und mittwochs einem Ei. Der Kaffee ist natürlich Muckefuck. Man kann sich aber gemahlenen Kaffee oder Nescafe hinzukaufen, wenn man auf dem Konto das nötige Guthaben hat. Einkauf ist einmal die Woche, wobei man auf einer Liste mit über 100 Einzelposten alle möglichen Konserven findet. Der Einzeleinkauf ist auf DM 50,– begrenzt. Obwohl die Verpflegung zwar nicht delikat, aber sehr reichlich ist, machen von der Einkaufsmöglichkeit dennoch viele Gefangene Gebrauch, die einen unwahrscheinlichen Appetit entwickeln. Ich selber habe immer nur Kaffee zugekauft, zumal die Hälfte meines Essens sowieso im Lokus landete. Mittags erhält man um 12 Uhr wie im Flugzeug ein dreigeteiltes Brett mit Fleisch, Gemüse und sehr reichlich Kartoffeln. Freitags gibt es Fisch und sonntags meistens Geflügel. Für mich war es unverständlich, daß man so lieblos kochen kann und Saucen fabrizierte, die einen wenig erfreulichen Geschmack hatten. Der Direktor des Gefängnisses, mit dem ich zusammen in einer Karnevalsgesellschaft Ehrensenator gewesen war, fragte mich einmal nach der Güte des Essens, worauf ich antwortete, es sei kein Essen, sondern Fraß. Ich hätte mir die Verpflegung durch Zukauf von Konserven etwas abwechslungsreicher gestalten können, ich war damals aber so deprimiert und appetitlos, daß ich hiervon Abstand nahm. Hinzukaufen kann man sich natürlich keinen Alkohol, dafür wird aber illegal Rauschgift gehandelt, das durch Besucher eingeschmuggelt wird. Wenn man erwischt wird, folgt die Strafe auf dem Fuße, wobei man dann in die im Keller liegenden Beruhigungszellen kommt. Ich war immer ein Feind von Rauschgift, so daß ich Angebote selbstverständlich ablehnte, wie ich auch Nichtraucher bin. Geraucht wird natürlich enorm, für viele die einzige betäubende Möglichkeit der Entspannung. Das Abendessen wird um 18 Uhr, sonntags schon um 16 Uhr verabreicht. Es besteht wieder aus 4 Schnitten Brot, Butter und abwechselnd Wurst, Käse, Fleisch- oder Fischsalat. Einmal stank die Fischkonserve derart, daß ich den Inhalt komplett in den Lokus warf. Ich tat gut daran, denn am anderen Morgen waren 90 Häftlinge erkrankt, so daß keine Besucher vorgelassen wurden. Verständlicherweise hatte man Angst vor einer Epidemie. Da ich einmal eine üble Austernvergiftung hatte, bin ich bei Fisch sehr vorsichtig geworden und schalte, wie bei einem guten Wein, erst meinen Geruchssinn ein.

Das Schlimmste im Gefängnis ist, daß die Zeit nicht vergehen will und man sich in der kleinen Zelle nicht bewegen kann. Einmal am Tage ist eine Stunde Zellengang, Samstag und Sonntag nur eine halbe Stunde. Montags bis donnerstags kommen zwei Stunden Hobby-Raum hinzu, in dem sich jeweils ein Drittel der Insassen des Hauses, das sind rund 20 Mann, aufhalten dürfen. Dort liegt die Tageszeitung aus, man kann Karten und Tischtennis spielen. Freitags sind zwei Stunden Fernsehen erlaubt. Der Apparat wird aber Punkt 9 Uhr abends abgestellt, gleichgültig, ob ein Film noch kurze Zeit läuft oder nicht. Als einmal der Flügelleiter während einer pikanten Liebesszene abschaltete, stieß er auf großen Unwillen der Häftlinge.

Der schlimmste Tag ist der Samstag, an dem man nur eine halbe Stunde aus der Zelle kommt. Sonntags besteht wenigstens die Möglichkeit, am Gottesdienst teilzunehmen. Häftlinge gehören sicher nicht zu den frommsten Mitgliedern der Gesellschaft, im Gefängnis machen aber viele von der Möglichkeit des Kirchenbesuchs Gebrauch, wahrscheinlich oft nur, um aus dem Loch herauszukommen. Die Kirche im

„Klingelpütz" ist sehr hübsch, stets brennen Kerzen und sind Blumen in den Vasen. Sowohl der katholische als auch der evangelische Gottesdienst dauern ½ Stunde, wobei die musikalische Untermalung durch einen recht guten Organisten erfolgt. In jeder Bank sitzen nur drei Häftlinge, damit Unterhaltungen untereinander verhindert werden. Leider werden die Gottesdienste laufend durch Zwischenrufe gestört. Als es einmal hieß, Gott wird dir helfen, rief einer: Quatsch, der hilft doch nicht, das kannst du nur selbst. Und auf das Lied „Ein feste Burg ist unser Gott" reagierte ein Häftling mit dem Nazilied „Die Fahne hoch". Die Pastoren ignorieren die Störungen, wohl um die Männer nicht weiter herauszufordern und um den Gottesdienst pünktlich abzuschließen.

Als weitere Vergünstigung besteht einmal im Monat die Möglichkeit, in einem neben der Kirche liegenden Kinosaal einen Film zu sehen. Einmal habe ich an einer Vorführung teilgenommen, leider war der Film aus Methusalems Zeiten. Schließlich gibt es für Interessierte von Zeit zu Zeit Vorträge über fremde Länder. Als ich daran teilnahm, sah ich meinen Vorstandskollegen, Herrn H. G. Esser aus dem Überseeklub, wieder. Er berichtete von einer Finnlandreise. Als er mich unter den Zuhörern sitzen sah, machte er ein erschrockenes Gesicht; ein solches Wiedersehen hatte er sich wohl nicht vorgestellt. Wie früher bei seinen Vorträgen im Überseeclub beteiligte ich mich auch jetzt an der anschließenden Diskussion.

Gefangene pflegen sich untereinander grundsätzlich nur mit Du anzureden, das gleiche gilt auch einseitig für die Flügelverwalter. Da ich als Unschuldiger sowieso nicht dorthin gehörte, habe ich zu allen nur Sie gesagt, ich kann mich auch nicht erinnern, daß ich einmal mit Du angeredet wurde. Über eine unfreundliche Behandlung kann ich mich in keinem Falle beklagen. Immer wieder wurde ich gefragt, wie mir so etwas passieren konnte.

Kaum war ich am Verhaftungstag in meine Zelle eingeliefert worden, klopfte es von nebenan. Ich ging ans Fenster und wurde gefragt, ob ich nicht etwas anständigen Kaffee haben wolle, da ich als Neuer sicher noch nichts eingekauft hätte. Ich hielt meine Tasse zum Fenster hinaus und erhielt einen „Schuß", den ich mit heißem Wasser, das man zu jeder Mahlzeit erhält, aufgoß. Ich fand diese Geste sehr kameradschaftlich und kündigte Rückvergütung nach dem nächsten Einkauf an. Da die Zellen sehr nahe aneinander liegen, kann man mit seinen Nachbarn Zeitungen und Bücher austauschen. Ob diese Möglichkeit Absicht oder eine Fehlkonstruktion ist, konnte ich nicht erfahren. Der mir verabreichte Kaffee muß wohl mit Rauschgift „verbessert" gewesen sein, da mir danach ganz schwindlig wurde. Als ich meinen Nachbar am nächsten Tag auf dem Zellenhof sah, hörte ich, daß er in ein Aachener Rauschgiftverfahren verstrickt sei. Er sah sehr gut aus, eher wie ein Bankdirektor denn ein Schmuggler.

Die erste Nacht war fürchterlich, ich konnte nicht einschlafen. Da man mich für einen Selbstmordkandidaten hielt, mußte ich bei Licht schlafen und konnte so laufend die Augen der Wärter sehen, die mich durch das Zellenguckloch kontrollierten. Am anderen Morgen kam bereits der katholische Pfarrer, um mir Trost zuzusprechen. Es war der bekannte Pastor Beda, den ich vor längerer Zeit bei einer Lions-Veranstaltung kennengelernt hatte. Besonders anerkennenswert fand ich, daß er mich aufsuchte, obwohl er wußte, daß ich evangelisch bin. An den lieben Gott und seine Religion erinnert man sich bekanntlich immer dann, wenn es einem schlechtgeht. Ein sehr menschlicher Zug, von dem auch ich mich nicht auszuschließen vermag. Pastor Beda hat mich in den sieben Wochen meiner Haft noch zweimal aufgesucht. Der evangelische Pfarrer kam nur einmal, vier Wochen nach meiner Einlieferung.

Den Zellenhofgang machen fast alle Gefangenen mit, um frische Luft zu schöpfen und etwas Unterhaltung zu haben. Die 60 Mann pro Haus bewegen sich dann im Kreis unter Aufsicht der Flügelverwalter. Jeder Neue wird mit Interesse betrachtet und nach seinem Vergehen ausgefragt. In meinem Hause waren hauptsächlich Diebe, Rauschgifthändler und drei Mörder, die auf ihren Prozeß warteten. Der eine hatte seine Frau im Bett mit einem Freund erwischt und beide totgeschossen. Wie gut ist es, wenn man nicht immer eine Waffe bei sich trägt! Der andere hatte seine Freundin im Streit über die Politik mit einer Coca-Cola-Flasche erschlagen. Der dritte war ein Sittlichkeitsverbrecher, von dem sich alle fernhielten. Ein mehrfach vorbestrafter Einbrecher mit Namen Günter nahm sich meiner an und versuchte, mich etwas aufzuheitern. Er war schon in vielen Gefängnissen der

Bundesrepublik gewesen und schwärmte für Frankfurt, wo die sozialsten Bedingungen beim Haftvollzug wären. Einmal wurde ich auf dem Zellenhofgang daraufhin angesprochen, ob ich nicht daran interessiert sei, daß mein Staatsanwalt krankenhausreif geschlagen würde. Der Preis sollte nur DM 500,– betragen. Die Abwicklung würde so erfolgen, daß ich einen Zahlungsauftrag an meine Frau in Höhe von DM 250,– ausstellen sollte, den ein Freund beim nächsten Besuch mitnähme. Die restlichen DM 250,– sollten dann nach nachgewiesenem Vollzug bezahlt werden. Ich hatte natürlich nicht vor, derartige „Geschäfte" zu machen. Günter, der die Unterhaltung beobachtet hatte, warnte mich ausdrücklich vor dem Burschen, dessen Freund bei einem Abkommen dann laufender Besucher bei meiner Frau sein würde.

Bereits in den ersten Tagen sprach mich ein Flügelleiter darauf an, ob ich nicht daran interessiert sei, wenn ein anderer Gefangener gegen eine Dose Nescafe pro Woche meine Zelle putzte. Ich sagte gerne zu und lernte dann einen sympathischen jungen Mann mit Namen Walter kennen, der auch bei der Essenausgabe mitmachte. Beim Putzen mußte ich mich auf die Pritsche legen und erfuhr dann seine Geschichte. Walters Spezialität war, in Bars naive Angeber auszumachen, die zuviel tranken. Unauffällig warf er ihnen eine Tablette ins Glas, worauf sie in Bälde einschliefen. Walter verschwand dann mit der Brieftasche. Er erzählte mir, daß er dieses Jahr im Karneval großes Glück gehabt hatte. Als er mit der Brieftasche eines „Kunden" verschwand, enthielt diese rund

7000 DM, die ein schönes Karnevalsfest ermöglichten. Leider stand aber dann am Aschermittwoch die Polizei vor seiner Tür. Walter nahm an, daß ihn ein Barmädchen verpfiffen hatte.

Eines Tages wurde ich von einem langbärtigen jungen Mann begrüßt, der mich im Hause von Herrn Dr. Gerling bei einer Party kennengelernt hatte. Sein Onkel war Intendant in Köln und mit mir zusammen im Lions Club. Der junge Mann war zu Hause wegen seiner Rauschgiftsucht herausgeflogen. Als er kein Geld mehr hatte, ließ er sich auf einen „Stoff"-Transport nach Holland ein, wo er beim Grenzübertritt auffiel und festgenommen wurde. Wenige Tage lang hatten wir auch einen total verrückten Gefangenen, der das dümmste Zeug redete. Da er sehr klein war, hing er sich oft beim Zellenhofgang an mich und jammerte: „Großer, man muß mir helfen!" (Meine Größe: 1,96 m.) Nachts schrie er unentwegt: „Ich will hier raus!" Da die Beruhigungszelle auch nichts nutzte, wurde er in eine Irrenanstalt eingewiesen.

Die ärztliche Betreuung im Gefängnis ist als gut zu bezeichnen. Bei der Aufnahme wird man gründlich untersucht. Spürt man irgendwelche Beschwerden, meldet man sich beim Arzt, der dann das Nötige veranlaßt. Nachdem es mir in den ersten Tagen gesundheitlich noch einigermaßen gutging, verschlechterte sich mein Zustand laufend. Die bekannte Haftpsychose, die sich tags in Depressionen und nachts in Schlaflosigkeit auswirkt, blieb auch bei mir nicht aus. Hinzu kamen durch die mangelnde Bewegung Durchblutungsstörungen, so daß meine Glieder, die

Arme und Beine einschliefen. Außerdem litt ich unter Herzschmerzen und Schwindelanfällen. Eines Nachts bekam ich solche Herzschmerzen, daß ich die Notglocke, die nur in Ausnahmefällen benutzt werden darf, drückte. Der herbeigerufene Notarzt stellte einen Blutdruck von 120/220 fest und ordnete für den nächsten Tag eine erneute gründliche Untersuchung an, worauf ich unter laufende Kontrolle gestellt wurde. (Es stellte sich dann heraus, daß ich einen Herzinfarkt erlitten hatte.) Ich erhielt eine Reihe von Tabletten, die ich vorschriftsmäßig nahm und die mich in einen apathischen Zustand versetzten. Die Schlaftablette wurde mir jeden Abend einzeln verabreicht, wobei sich der Arzt davon überzeugte, daß ich sie auch nahm. Sammeln von Schlaftabletten ist wegen der Selbstmordgefahr streng verboten. Da einem alle harten Gegenstände, Messer, Scheren etc. abgenommen werden, besteht nur die Möglichkeit, sich am Fensterkreuz mit dem Handtuch aufzuhängen. Für mich war das wegen meiner Größe schon technisch unmöglich. Es kommt aber immer wieder vor.

In der ersten Zeit habe ich noch laufend Bücher und Zeitschriften gelesen. Man bekommt jede Woche zwei Romane, die man sich aus einer Liste aussuchen kann. Wohl durch die Medikamente fiel mir aber das Lesen immer schwerer, da ich mich nicht lange konzentrieren konnte und mir statt dessen immer wieder die Insolvenz mit ihren Folgen durch den Kopf ging. Das gleiche galt für das Schreiben. Hierzu ist zu bemerken, daß jeder ein- und ausgehende Brief vom

Staatsanwalt zensiert werden muß. Ich habe viel Post bekommen, außer von der Familie und Freunden auch von Kunden, die mir Trost zusprachen. Auch einige Blumensträuße sind im „Klingelpütz" abgegeben worden, die jedoch ihr Ziel nicht erreichen durften.

Normalerweise kann man nur einmal im Monat für eine viertel bis halbe Stunde besucht werden. Die Unterhaltung wird von einem Beamten überwacht. Auch der Wäscheaustausch untersteht einer genauen Kontrolle. Lediglich der Rechtsanwalt darf immer kommen, die Gespräche mit ihm werden auch nicht kontrolliert. Ich habe mich natürlich immer sehr gefreut, wenn meine Frau und die vier Kinder mich besuchten, ein solches Wiedersehen treibt einem aber zugleich die Tränen in die Augen und macht den Rückgang in die Zelle besonders schwer. In meinem Falle war man großzügiger und gestattete mir durchschnittlich zwei Besuche in der Woche.

Mein Rechtsanwalt, Herr Dr. Feller, konnte erreichen, daß ich einmal zu einem Erörterungstermin zur Staatsanwaltschaft gebeten wurde, wo ich auch meine Frau und meinen Sohn Peter traf. Ich erklärte Herrn Staatsanwalt Willems erneut, daß ich nicht verstünde, daß man mich festhielt; und verlangte meine Entlassung, wozu er sich aber noch nicht entschließen konnte. Im Beisein meiner Frau kam er wieder auf das Thema Geld im Ausland zu sprechen, wobei ihm diese gleichfalls bestätigen konnte, daß wir keine Bankkonten im Ausland besaßen. In einer späteren Vernehmung sagte mir Herr Willems dann, daß von dem in München inhaftierten Bankier Ortner der Tip gekommen sei, ich hätte ein Millionenkonto in Jamaika – eine unverschämte Lüge!

Herr Willems hatte Herrn Ortner im Gefängnis in München aufgesucht, um Näheres über die Econ-Bank in Zürich, bei der auch Ortner beteiligt war, zu erfahren. Die Econ-Bank spielte in unserem Falle eine besondere Rolle, da sie die Drehscheibe für Dattel und Genossen war. Herr Willems berichtete auf meine Frage, ob Herr Hedderich korrupt sei, daß dieser DM 5.000.000 in bar bei der Econ-Bank abgehoben habe. Auf der Bahnhofstraße in Zürich war ihm der Koffer aufgegangen und der Inhalt im dicksten Verkehr auf die Straße gefallen. Passanten halfen ihm, das Geld wieder aufzuheben.

Bei einer späteren Überprüfung fehlten allerdings DM 200.000, eine noble Aufhebegebühr!

Vernommen wurde ich während der Zeit meiner Inhaftierung kein einziges Mal. Ich schrieb daraufhin einen Brief an den Staatsanwalt, in dem ich ihm nochmals darlegte, daß ich von den Verlusten vor dem 10. 6. 1974 nichts wußte und froh wäre, wenn man mich früher informiert hätte, da dann vielleicht noch eine Möglichkeit zur Rettung der Bank bestanden hätte.

Mein Gesundheitszustand wurde von Tag zu Tag schlechter, so daß der Staatsanwalt noch einen weiteren Arzt, Herrn Dr. Wilhelm Mertens, Chefarzt des Marien-Hospitals, mit einer gründlichen Untersuchung beauftragte. Das Ergebnis lautete, daß ich haftunfähig geworden war.

Meine Entlassung erfolgte am 13. 10. 1976 – genauso unerwartet wie meine Verhaftung. Ich wurde zum Anstaltsleiter gerufen und erhielt einen Entlassungsschein wegen „Haftunfähigkeit" ohne jegliche Auflagen. In ähnlichen Fällen wird sonst eine Kaution verlangt und der Paß abgenommen, außerdem muß man sich laufend bei der Polizei melden. Meine Familie, und nicht zuletzt ich selber, waren froh, daß ich wieder zu Hause war. In den sieben Wochen hatte ich nur 10 Pfund abgenommen, obwohl ich sehr wenig aß und keine alkoholischen Getränke zu mir nehmen durfte. Mit meinen Nerven aber war ich total am Ende. Meine rechte Hand zitterte derart, daß ich noch sechs Wochen nach der Entlassung nicht schreiben konnte. Seit dieser Zeit bin ich in laufender Behandlung, was ich in meinem früheren Leben nie nötig hatte.

Viertes Kapitel

Der Prozeß (1979–1991)

Mein Wunsch, daß endlich der Prozeß beginnen möge, ging nicht in Erfüllung. Die Ermittlungen liefen weiter; und nur noch einmal wurde ich mit meinem Rechtsanwalt, Herrn Dr. Hütsch, zu einer kurzen Vernehmung gebeten, die aber nicht mich, sondern eine Aussage von Herrn Dattel betraf. Im April 1977 war der Vergleich beendet, doch noch immer war ein Prozeßtermin nicht in Sicht. Erst im Oktober schloß die Staatsanwaltschaft ihre Ermittlungen ab und verschickte die Anklageschriften. Ich habe das ganze Jahr zu Hause verbracht – mit Ausnahme einer kurzen Erholungsreise zu einem Freund nach Bayern. Auch auf eine Reise zu den Festspielen nach Verona, wohin mich meine Mutter wieder eingeladen hatte, habe ich diesmal schweren Herzens verzichtet.

Erst am 23. März 1979, also fast 5 Jahre nach der Insolvenz, war es endlich soweit, daß der Prozeß gegen die 8 Angeklagten beginnen konnte. Es handelte sich neben mir, als einzig persönlich haftendem Gesellschafter, um meinen Vertreter und für die Devisenabteilung zuständigen Generalbevollmächtigten

Graf Bernhard von der Goltz; die ihm unterstellten Herren Heinz Hedderich, Direktor der Auslandsabteilung, und dessen Stellvertreter Dany Dattel sowie Kurt Wickel, Chef der Abteilung Geldhandel. Ferner gehörten zu den Angeklagten der Kursmakler Norbert Arden sowie sein Partner Bruno Bläser, der früher in unserer Auslandsabteilung und im Betriebsrat tätig gewesen war. Dazu kam der frühere Stellvertreter von Herrn Dattel, Herr Bruno Heinen, der ein Jahr vor der Pleite gekündigt hatte, um zu der Immobilienfirma Hermann Erasmy zu wechseln, an der auch Herr Dattel beteiligt war – was ich erst nach der Pleite erfuhr. Ebenso war mir seinerzeit unbekannt, daß Arden an der Econ-Bank Zürich beteiligt war, die zu einer der Schaltstellen für die Unterschlagungen wurde. Die Econ-Bank ist inzwischen von der Schweizerischen Bankenaufsicht geschlossen worden.

Der Beginn des Prozesses war in Presse, Fernsehen und Rundfunk groß angekündigt worden, so daß wir vor dem Gerichtssaal durch ein Heer von Reportern und Fotografen empfangen wurden, als wir zur Verhandlung erschienen. Vereinbarungsgemäß hatte ich vorher meinen Anwalt, Herrn Dr. Hütsch, sowie seinen Kollegen Herrn Dr. Millinger im Hotel Excelsior getroffen, um gemeinsam mit einer Taxe zum nahe liegenden Kölner Gerichtsgebäude zu fahren. Am nächsten Morgen mußte ich in einer Tageszeitung lesen, daß der Taxifahrer es abgelehnt habe, mir auf einen Hundertmarkschein herauszugeben, da er Geschädigter der Bank sei. Diese Geschichte war frei erfunden, da nicht ich, sondern Herr Dr. Hütsch, der vorne saß, den kleinen Betrag bezahlt hatte. Außerdem stimmte sie auch deshalb nicht, weil alle Konten bis zu einer Höhe von DM 20.000 voll ausbezahlt worden waren. Trotz eines Dementis werde ich jedoch heute noch bei Taxifahrten auf diese „Anekdote“ angesprochen.

Der Vorsitzende Richter, Herr Horst Roczen, tat alles in seinen Kräften Stehende, um mit dem Mammutprogramm fertig zu werden. Schließlich hatte die Staatsanwaltschaft 1192 Schreibmaschinenseiten, 10.000 Blatt Hauptakten und 25.000 Blatt Computerunterlagen zusammengetragen. Die Angeklagten hatten außer ihrem Wahlverteidiger noch 2–3 Pflichtverteidiger zur Seite, damit der Prozeß keinen Aufschub durch Krankheit etc. erfahren konnte. Der für den Prozeß wichtigste Mann, der mit Hunderten von Millionen jongliert hatte und somit das umfassendste Wissen über die Vorgänge haben mußte, Herr Dany Dattel, unser Chef-Devisenhändler, erschien nicht. Sein Verteidiger, der inzwischen verstorbene Staranwalt Schmidt-Leichner, schilderte in bewegten Worten, daß sein Mandant unter einem „Judensyndrom“ leide und verhandlungsunfähig sei. Als der Verteidiger mit belegter Stimme die Greuel beschrieb, die der junge Dattel im Konzentrationslager erleben mußte, konnte man im Gerichtssaal eine Stecknadel fallen hören. Der Richter wollte sich mit dieser Erklärung aber nicht zufriedengeben und beauftragte vier vorsorglich bestellte anwesende Gutachter, unverzüglich in die Wohnung von Herrn Dattel zu fahren. Ihr übereinstimmendes Untersuchungsergebnis lautete: Dattel ist und bleibt krank. Hierzu kann ich nur sagen, daß wir in den 15 Jahren seiner Tätigkeit in der Bank von seiner Krankheit nichts gemerkt haben.

Der wichtigste Hauptdarsteller blieb der Bühne also fern.

Am 18. April 1979 trennte das Gericht das Verfahren gegen ihn ab. Die Staatsanwaltschaft konnte die Anklage verlesen. Eine Woche später mußte ein Schöffe nach antisemitischen Äußerungen im Zusammenhang mit der Frage nach Dattels Vernehmungsfähigkeit seinen Platz räumen – der erste und noch lange nicht letzte Verlust, der die Richterriege traf. Kurz darauf mußte der Richter Achim Vollmer ausscheiden, da seine Befangenheit offenbar wurde, als er den Schriftsatz eines Anwalts mit „Quatsch" bezeichnete.

Mein Gesundheitszustand hatte sich seit der Pleite laufend verschlechtert. Die Tatsache, daß mein Lebenswerk durch spekulative, verbrecherische Kräfte vernichtet war, machte mir so zu schaffen, daß ich einen Herzinfarkt erlitt und hauptsächlich nachts unter Angina-pectoris-Anfällen zu leiden hatte. Mein sehr schlecht gewordener Schlaf wurde häufig durch Alpträume unterbrochen. Das harte Los, für andere unverschuldet büßen zu müssen, machte mir schwer zu schaffen. Im Mai 1979 hatte ich nachts einen so schweren Herzanfall, daß meine Söhne unseren in der Nachbarschaft wohnenden Hausarzt zur Hilfe holten, der mir eine Spritze gab und strenge Bettruhe verordnete, so daß ich zu einem am nächsten Tage anberaumten Verhandlungstermin nicht erscheinen konnte. Prompt schickte das Gericht zwei Vertrauensärzte an mein Krankenbett, ordnete das Erscheinen des behandelnden Arztes als Zeugen an und vereidigte ihn sogar. Als es mir wieder etwas besser ging, stellte das Gericht fest, daß ich in den Jahren nach der Pleite etwa 25 Pfund zugenommen hatte, und argwöhnte deshalb, daß ich durch diese Gewichtszunahme absichtlich meinen Gesundheitszustand verschlechtert hätte. Der Zustand war indes durch meine Bewegungslosigkeit eingetreten. Ich besaß keine Tätigkeit mehr und hatte den Golfplatz, auf dem ich früher an den Wochenenden viele Kilometer zurücklegte, nicht mehr betreten. Normale Spaziergänge als Ausgleich schieden schon deshalb aus, weil ich dabei laufend Bekannte traf, die mich nach dem Stande des Prozesses fragten.

Mein Hausarzt empfahl dringend eine Abnahmekur, und ich erklärte mich mit einer Dreiwochenkur in einem Krankenhaus in Bad Neuenahr einverstanden. Sie war aber kein Erfolg. Ich nahm zwar über 15 Pfund ab, mußte mich aber einen Tag nach meiner Rückkehr, wohl aufgrund meines geschwächten Zustandes, mit einer schweren Virusgrippe ins Bett legen und war am ganzen Körper mit Ausschlag bedeckt. Als das Fieber auf 41 Grad stieg, holte meine Familie den Arzt, der mir eine Penicillinspritze gab und mich wegen des Ausschlags wieder ins Krankenhaus stecken wollte. Ich wehrte aber ab und schrie ihn im Fieberwahn an: „Raus, raus, ich verlasse das Zimmer nur ‚per Sarg'!". Der Arzt hat dann zwei Jahre lang meine Behandlung abgelehnt und mir erst nach einer erneuten Entschuldigung verziehen. Der Hautausschlag stellte sich glücklicherweise als Folge der vielen Tabletten heraus, die ich in Bad Neuenahr verabreicht bekommen hatte.

Das Gericht gab immer noch nicht Ruhe und bestellte unsere langjährige Hausangestellte, Frau Rosi Bauer, als Zeugin, um sie nach meinen Essens- und Trinkgewohnheiten zu fragen. Sie konnte lediglich meine Angaben bestätigen, und selbst die Staatsanwaltschaft mußte bei diesem Auftritt lächeln.

Als ich dann wieder im Gerichtssaal erschien, machte ich wohl den Richtern einen so schlechten Eindruck, daß man sofort durch einen anwesenden Arzt meinen Blutdruck untersuchen ließ. Als dieser, wie häufig, weit über 220 lag, wurde eine eingehende Untersuchung durch Herrn Prof. Schaede, Leiter der Universitätsklinik Bonn, angeordnet. Das Ergebnis gab dieser am 11. Oktober 1979 bekannt: Der Angeklagte leidet unter einem lebensgefährlichen Infarktrisiko und ist daher verhandlungsunfähig. Daraufhin wurde das Verfahren gegen mich vorläufig eingestellt.

Nachdem ich in der folgenden Zeit noch zweimal amtsärztlich untersucht worden bin, stets mit dem gleichen Ergebnis, wurde das Verfahren am 25. 1. 1983 endgültig eingestellt. Das Verfahren gegen Dattel war bereits am 26. 8. 1982 endgültig zur Einstellung gekommen.

In der Zwischenzeit schleppten sich die Verhandlungen dahin. Das Gericht wurde mit Befangenheits- und Protokollierungsanträgen bombardiert. Das kostete Zeit, da die Verjährung näher rückte. Dazu schwiegen die Angeklagten. Die Verteidigung bemühte sich, auch Konzernchef Gerling in den Prozeß zu zerren: ihre Mandanten seien zwar unschuldig, aber wenn sie angeklagt würden, müsse auch der wirtschaftliche Eigentümer der Bank das gleiche Schicksal erleiden. Zunächst verbuchten sie dabei einen Erfolg. Stunden bevor alle Vorwürfe gegen Gerling verjährt waren, nahm die Staatsanwaltschaft am 25. Juni 1979 ein Ermittlungsverfahren gegen ihn und den Finanzchef des Hauses Gerling, Anton Weiler, auf. Sie sollten durch unzulässige Bilanztricks Gewinnverschiebungen veranlaßt haben. Doch im Herbst 1981 wurden diese beiden Verfahren eingestellt.

Im April 1982 wurde der Vorsitzende Richter, Horst Roczen, als befangen abgelehnt. Er hatte einen Wirtschaftsprüfer mit einem Gutachten beauftragt, der schon für Gerling-Firmen tätig gewesen war. Ein Ersatzrichter trat in das Kollegium ein, während Ulrich Höppner den Vorsitz übernahm. Das Kontingent der Berufsrichter war nun erschöpft, einen weiteren Verlust durfte es nicht mehr geben, sonst würde der Prozeß endgültig platzen. Das wäre beinahe geschehen, als ein Befangenheitsantrag gegen den Richter Eggert eingebracht wurde, der mit dem Angeklagten Heinen Tennis gespielt und anschließend mit ihm beim Bier über den Prozeß und die Urteilsaussichten gesprochen hatte. Der Antrag wurde aber vom Gericht abgelehnt.

Im Mai 1982 wurde das Verfahren gegen die Manager (von der Goltz, Hedderich, Wickel) von dem gegen die Devisenhändler (Arden, Bläser, Heinen) abgetrennt, um vor der immer mehr drohenden Verjährung schneller zum Ziele zu kommen. Unterdessen wurde noch in allerletzter Minute am 17. 8. 1982 vor der 6. Großen Strafkammer der dritte Prozeß gegen sechs ehemalige Mitstreiter Dattels eröffnet. Die sogenannten „Goldjungen" sollten ebenfalls in die eigene Tasche manipuliert haben, nur bescheidener. Es ging dabei um rund 3 Millionen Mark. Die Abtrennung des Prozesses brachte das Verfahren schneller als erwartet weiter. Am 28. 3. 1983 wurden die ersten Urteile gegen die drei Devisenhändler gefällt: das Gericht befand sie der Untreue schuldig und verurteilte Arden zu 7½ Jahren, Bläser zu 3½ Jahren und Heinen zu 4 Jahren und 9 Monaten Haft. Erwartungsgemäß legten alle 3 Verurteilten Revision ein.

Für die Beteiligten, insbesondere für mich, war die langjährige Prozeßdauer mehr als aufreibend. In der Anklageschrift hatte der Staatsanwalt die zahlreichen Geschäfte aufgedeckt, in denen der Econ-Bank mit falschen Kursen Gewinne zugeführt wurden, zu Lasten der Herstatt-Bank. Diese Gewinne teilte das Konsortium Dattel & Co. unter sich auf. Die Beträge waren schwer erkennbar, da sie nicht über die Herstatt-Bank liefen, sondern größtenteils bar in Zürich abgehoben wurden. Tragisch ist, daß damals weder die Hausrevision noch die Wirtschaftsprüfergesellschaft die Kurse mit den tatsächlichen Tageskursen verglichen hatten, wie es die Staatsanwaltschaft nachträglich tat. Dann wäre die Unterschlagung evident gewesen und die Geschäftsleitung hätte rechtzeitig ihre Konsequenzen ziehen können.

Nach der Pleite sind bekanntlich neue Bilanzen aufgestellt worden, in denen die von Dattel zurückgehaltenen Vorgänge ordnungsgemäß verbucht wurden. Dabei ergab sich, daß die Bilanz per 31. 12. 1973 falsch war und keinen Gewinn, sondern einen Verlust von rund 30 Millionen aufwies. Mitte Januar 1974 hatte sich das Blatt gewendet, alle Verluste, samt der Unterschlagungen, waren wieder hereingeholt, so daß ein großer Millionengewinn zu Buche stand. Hätte man zu dieser Zeit die Unkorrektheiten erkannt und die Schuldigen fristlos entlassen, so wäre im Jahre 1974 noch ein großer Gewinn entstanden. Statt dessen aber hat Dattel weiter groß spekuliert, wobei er den Dollar falsch einschätzte, seine Kompetenz um das Zigfache überschritt und schließlich den Verlust von 520 Millionen erlitt, der zum Zusammenbruch führte.

Dattel kam kurz nach Eröffnung der Bank auf Empfehlung der angesehenen Kölner jüdischen Familie Goldschmidt zu uns. Sein Protektor war der Leiter der Synagogen-Gemeinde Köln, Herr Moritz Goldschmidt, der mir von Dattels persönlichem Schicksal berichtete. Dattel selbst hat dann jahrelang zu unserer vollen Zufriedenheit in der Devisen-Abteilung gearbeitet und war zeitweise sogar im Betriebsrat tätig.

Im Jahre 1964 hatte ich eine unerfreuliche Affäre mit einem Erpresser, der meinen jüngsten Sohn entführen wollte und dafür eine hohe Lösegeldsumme verlangte, die ich binnen drei Tagen zahlen sollte. Der damalige Polizeipräsident nahm die Angelegenheit sehr ernst und beauftragte Herrn Dr. Gundlach, langjähriger Leiter der Kriminalpolizei, mit der Bearbeitung des Falles. Dr. Gundlach gab sich große Mühe, den Täter zu fassen, was aber nicht gelang, da dieser am Übergabeort nicht auftauchte. Ein Polizeibeamter in meiner Größe war von einem Maskenbildner zurechtgemacht worden und ging mit den Banknoten zur vereinbarten Stelle. Ich befand mich mit Dr. Gundlach und zwei anderen Kriminalbeamten in der Nähe und mußte leider feststellen, daß der Täter nicht erschien. Anschließend brachten mich die Herren der Polizei zum Bahnhof, von wo ich zu meiner inzwischen in Sicherheit gebrachten Familie fuhr.

Dattel hatte natürlich von meinen Beziehungen zu Dr. Gundlach gehört und bat mich wenig später um eine Einführung bei diesem, ohne mir die Gründe dafür zu erläutern. Dr. Gundlach erklärte sich freundlicherweise bereit, ihn zu empfangen. Nach der Unterredung, über deren Inhalt im einzelnen ich nichts erfahren habe, äußerte sich Dr. Gundlach sehr negativ über Dattel. Er warnte mich vor dem Mann, was ich in der damaligen Situation leider noch nicht verstanden habe.

Seine „große Stunde" schlug, als 1971 der Dollarkurs freigegeben wurde und die Banken die Möglichkeit der Spekulation erhielten. Der Dollar sank innerhalb von 1½ Jahren von DM 4,20 auf DM 1,80, wobei man von einer Einbahnstraße sprechen konnte, da die Kurse im wesentlichen Durchschnitt nur fielen, so daß man bei einer richtige Spekulation viel Geld verdienen konnte. Dies nutzten die Mitarbeiter zunächst mit großem Erfolg aus. Schwieriger wurde es, als sich der Dollarkurs im Jahre 1973 wieder nach oben bewegte und manche Banken, die weiterhin auf Baisse spekulierten, viel Geld verloren.

Mein Vertreter, der für die Devisenabteilung zuständige Graf von der Goltz, hatte mit mir zusammen ein Limit für Spekulationsgeschäfte festgesetzt, das nicht überschritten werden durfte. Über diese Beschränkung setzte sich Dattel hinweg, indem er bei der Firma Nixdorf eine Abbruchtaste bestellte, die es ihm ermöglichte, Geschäfte 10 Tage unverbucht zu lassen. Diese Abbruchtaste hatte er mit einer weiteren Unterschrift rechtsverbindlich bestellt und konnte somit die Tagesbilanz manipulieren. Nachträglich habe ich festgestellt, daß Herr Dattel sein Limit zeitweise bis zu 750 Millionen überschritt. Ich überlegte mir später, ob ich nicht Herrn Nixdorf persönlich verklagen sollte, da er mein Einverständnis zu dieser Abbruchtaste nicht erhalten hatte. Der Auftrag war aber leider rechtsverbindlich unterschrieben.

Unglücklicherweise war Dattels Vorgesetzter, Herr Direktor Hedderich, ebenfalls eine Enttäuschung für mich, da er mit Herrn Arden – im Einverständnis von Dattel – einen Unterbeteiligungsvertrag abschloß, der im Laufe der Zeit insgesamt 5 Millionen erbrachte, die heute noch in der Schweiz liegen. Im Zivilprozeß wurde er gefragt, wieso er bei seiner Finanzlage eine Unterbeteiligung abschließen konnte, da er ja mit Verlusten zu rechnen hatte. Herr Hedderich erklärte, Herr Arden hätte ihm zugesagt, nur risikolose Geschäfte für ihn abzuschließen. Die anderen Devisenhändler machten natürlich ebenfalls private Geschäfte, die Dattel in der Abteilung besser verbergen konnte als andere Angestellte, die ein Limit hatten und eine Quote für die Sicherstellung bereitstellen mußten.

Insgesamt haben in unserem Hause von 850 Angestellten nur 50 Mitarbeiter spekuliert. Zunächst hatte ich diese Angestelltengeschäfte generell verboten. Die Herren des Hauses, einschließlich des Betriebsrats, konnten mich leider von meinem Entschluß abbringen, da bei anderen Banken auch solche Geschäfte getätigt wurden.

Nachdem der Prozeß nunmehr fast 10 Jahre lief und zu keinem Ende kam, machte man der Staatsanwaltschaft Vorwürfe, worauf diese sich entschloß, auch gegen meine Person schärfer vorzugehen.

Nachdem mein Verfahren am 25. 1. 1983 endgültig eingestellt worden war, schickte man mich im Frühjahr erneut zu Herrn Medizinalrat Viersbach zu einer Untersuchung. Auf meine Frage nach der Veranlassung dafür, sagte Herr Staatsanwalt Willems, man habe erfahren, daß ich wieder aktiv tätig sei. Tatsache war, daß ich auf Veranlassung eines Freundes für eine Computer-Firma 2 kleinere Apparate gegen Provision verkauft hatte. Diese Zusammenarbeit mit der Computer-Firma wurde aber bereits Ende 1981 – also zwei Jahre vor der endgültigen Einstellung meines Verfahrens – beendet, da diese nicht in der Lage war, Großaufträge, die ich hätte vermitteln können, sorgfältig genug auszuführen.

Dann habe ich, um meine schlechte finanzielle Situation aufzubessern, die Vertretung der Sektkellerei Hochheim übernommen. Die Tätigkeit bestand lediglich darin, daß ich einmal im Jahr vor Weihnachten rund 50 Geschäftsfreunde anschrieb und um eine Bestellung des preisgünstigen und guten Sektes bat. Diese Tätigkeit übe ich heute noch aus. Der finanzielle Erfolg ist aber weitaus geringer, als man annehmen könnte, da ich kein Büro unterhalte und keine Reklame mache. In den letzten Jahren habe ich Bruttoeinnahmen zwischen 1000 und 1500 DM versteuert.

Da Herr Viersbach bei meinem hohen Blutdruck, den Herzrhythmus-Störungen und den Angina-pectoris-Anfällen wiederum zum Ergebnis „verhandlungsunfähig" kam, beauftragte die Staatsanwaltschaft erneut Herrn Professor Dr. Schaede, der mich als Leiter der Universitätsklinik Bonn im Jahre 1979 für verhandlungsunfähig erklärt hatte, mit einer Untersuchung. Er besaß jetzt keine offizielle Funktion mehr, war pensioniert und hatte mit einer hübschen jungen Röntgenärztin, Frau Dr. Schuppan, eine Privatpraxis in Bonn eröffnet. Dort wurde ich nach erneuter Untersuchung nunmehr für „beschränkt verhandlungsfähig" erklärt. Da mein Rechtsanwalt und ich dies nicht ohne weiteres hinnehmen wollten, stellten wir den Antrag, einen weiteren Gutachter zu beauftragen, was die Staatsanwaltschaft ablehnte.

Mein seinerzeitiger Hausarzt, Herr Dr. Kahre, riet mir dann, mich von einem erstklassigen Kardiologen erneut untersuchen zu lassen und vermittelte mir eine Einweisung in das Krankenhaus Köln-Merheim, wo die Untersuchungen von Herrn Professor Werner Kaufmann und seinen Mitarbeitern vorgenommen werden sollten.

Am 5. 12. 1983 kam ich ins Krankenhaus und hatte dort zeitweise einen Blutdruck bis 250. Professor Kaufmann stellte dann fest, daß durch den früheren Infarkt mein Herz nur noch zu zwei Dritteln funktionsfähig war. Auf einer Fotografie waren die tätigen Zellen rot und die toten Zellen schwarz zu erkennen. Aufgrund dieser Untersuchung riet mit Professor Kaufmann dringend, einen Herzschrittmacher zu implantieren, der zu einer Stabilisierung der Herztätigkeit führen sollte. Diese Operation wurde am 13. 1. 1984 vorgenommen.

In der Zwischenzeit hatte Staatsanwalt Willems im Eiltempo Herrn Richter Alois Weiß von der 16. Strafkammer dazu überreden können, den Prozeß im Hinblick auf die drohende Verjährung baldigst zu starten. Herr Weiß erschien sogar in der Privatwohnung von Professor Schaede, um weitere Erkundigungen einzuziehen. Das inzwischen von Professor Kaufmann erstellte Attest der Verhandlungsunfähigkeit wurde von der Staatsanwaltschaft als Gefälligkeitsattest abgelehnt. Gegen ihn wurde dann sogar ein Ermittlungsverfahren eingeleitet, was ihn persönlich sehr verbitterte. Die Staatsanwaltschaft benötigte zwei Jahre, um die Aufhebung des Verfahrens gegen Professor Kaufmann zu beschließen. In einer langwierigen Untersuchung durch ein Ärzteteam zogen sich die Verhandlungen hin. Herr Professor Kaufmann wurde aber voll rehabilitiert, so daß das Attest damit bestätigt war. Der Prozeß, der ohne mich, der ich im Krankenhaus lag, eröffnet wurde, hätte also gar nicht beginnen dürfen. Auch Professor Schaede war später von der Richtigkeit der Implantation überzeugt. Er hat dann sogar ausgesagt, daß der Herzschrittmacher, der zu meiner teilweisen Gesundung beitrug, nötig war. Inzwischen ist die Praxis Schaede/Schuppan aufgelöst. Herr Professor Dr. Schaede hat sich zur Ruhe gesetzt.

Das Gericht beschloß, kurz nach der Operation in meinem Krankenzimmer zu erscheinen. Herr Weiß kam in modischer Pelzmütze mit Fotografen und Reportern sowie den Schöffen und dem Staatsanwalt, um mich zu besichtigen. Beinahe hätte er sogar die Flasche an meinem Bett, in der das Blut aus der Wunde aufgefangen wurde, zertreten.

Als die Herren des Gerichts wieder abzogen und damit der „Lokaltermin" beendet war, der natürlich im Krankenhaus einen großen Wirbel auslöste, kam Staatsanwalt Willems noch einmal allein zurück und sagte mir wörtlich am Bett: „Ich wünsche Ihnen alles Gute!" Mir gingen damals viele Gedanken durch den Kopf, zumal das Krankenhaus in der Nähe des komfortablen Bungalows von Dany Dattel lag, der in der gleichen Zeit dort im pompösen Stil weiterlebte. Inzwischen hatte er in Zürich ein wohl lukratives Börsenbüro eröffnet, wo er seine Devisengeschäfte weiterführte. Ein Nachbar von mir, der ebenfalls geschäftlich in Zürich zu tun hat, traf ihn oft im Flugzeug, natürlich in der ersten Klasse. Über Gerechtigkeit im Leben sollte man besser nicht nachdenken.

Am 6. 2. 1984 habe ich wieder am Prozeß teilgenommen, aber nur noch wenige Sitzungen mitmachen können. Meiner Ansicht nach stand das Urteil (4½ Jahre wegen Konkursvergehens und anderer Delikte) schon fest, ehe es am 16. 2. 1984 verkündet wurde.

Mein Anwalt beantragte unverzüglich das Revisionsverfahren in Karlsruhe. Der Bundesgerichtshof hob am 16. 10. 1985 das Urteil, insbesondere den schwerwiegenden Vorwurf des verschuldeten Konkursvergehens, auf. Lediglich der Vorwurf der Untreue blieb bestehen und wurde zur Neuverhandlung nach Köln zurücküberwiesen. Hierzu ist zu sagen, daß es sich um meine Unterschrift unter der falschen Bilanz per 31. 12. 1973 handelte, die ich gar nicht selbst aufgestellt hatte und erst unterzeichnete, als die Wirtschaftsprüfer den uneingeschränkten Bestätigungsvermerk erteilt hatten. Die Unterlagen wurden von Karlsruhe nicht an die ursprüngliche 16. Strafkammer, sondern an die 10. Strafkammer gesandt, die Richter Hildebrandt leitete.

Vor Eröffnung der Verhandlung wurde ich erneut untersucht und jetzt von Herrn Medizinalrat Viersbach aufgrund des Herzschrittmachers für „beschränkt verhandlungsfähig" erklärt. Mein Anwalt hatte inzwischen im Alfried-Krupp-Krankenhaus in Essen eine Untersuchung meines Kopfes veranlaßt, bei der sich zum Glück herausstellte, daß ich keinen Tumor hatte (woran mein erster Partner, Herr Dr. Heinrich von Paucker, frühzeitig verstorben war). Der leitende Arzt, Professor Noth, stellte aber fest, daß ich unter dem „Pickwick-Syndrom" leide, das bereits in dem bekannten Roman von Charles Dickens erwähnt ist. Die Symptome bestehen in plötzlichem Einschlafen bei Überanstrengungen. Herr Professor Noth trat sogar persönlich als Zeuge auf, was meiner Ansicht nach aber dem Gericht keinen besonderen Eindruck machte.

Leider war der Staatsanwalt Asmussen in dem Prozeß nicht davon zu überzeugen, daß ich trotz der vollen Verantwortung nicht erkennen konnte, daß Herr Dattel die Bank durch Nichtverbuchen von 90 Millionen Verlust irregeführt hatte. Er beantragte eine Strafe von 3 Jahren, und das Gericht verkündete schließlich 2 Jahre mit Bewährung. Herr Asmussen legte sofort, allerdings erfolglos, gegen das Urteil Berufung ein. (Er hat kürzlich in einem anderen spektakulären Kölner Prozeß für Aufsehen gesorgt, als er ein Vorstandsmitglied der Firma Klöckner-Humboldt-Deutz AG, Herrn Wöbkemeier, aufgrund falscher Indizien ins Untersuchungsgefängnis schickte sowie seine Suspendierung aus dem Vorstand und die Beschlagnahme seines Vermögens veranlaßte.)

Von dem Urteil war ich sehr enttäuscht, da ich einen Freispruch erhofft hatte. Mit meinem Anwalt beschloß ich, nunmehr die letzte Instanz, den Europäischen Obersten Gerichtshof in Straßburg, einzuschalten. Dessen Urteil besitzt zwar gegenüber rechtskräftigen Urteilen deutscher Behörden keine Durchschlagskraft, bedeutet aber eine nicht zu unterschätzende Rechtsempfehlung. Der Gerichtshof ist außerordentlich überlastet, so daß sich die Bearbeitung bis zum 10. 2. 1990 hinzog. Aus der Stellungnahme eines Referenten konnten wir allerdings bereits entnehmen, daß in dem Kölner Prozeßverfahren Fehler unterlaufen sind, insbesondere hinsichtlich des Attestes von Herrn Professor Kaufmann, das später anerkannt wurde. Straßburg sandte sodann die Unterlagen wieder ans Landgericht Köln zur Neuverhandlung zurück. Ob und wann diese stattfindet, konnte ich bisher nicht in Erfahrung bringen.

Dafür erhielt ich aber unter dem 18. 6. 1991 einen Beschluß des Landgerichts Köln zugestellt, in dem die durch Urteil der 10. großen Strafkammer vom 21. 5. 1987 erkannte Freiheitsstrafe von 2 Jahren nach Ablauf der Bewährungszeit erlassen wird. Wörtlich heißt es dort:

Beschluss

In der Strafsache

gegen den ehemaligen Bankier
Iwan David Herstatt,
geb. am 16. 12. 1913 in Köln,
wohnhaft: Eugen-Langen-Str. 14,
5000 Köln-Marienburg,
Deutscher, verheiratet,

–Verteidiger: Rechtsanwälte Dr. Millinger,
Dr. Feller, Petri I in Essen–

laufend unterstützt und mir Mut zugesprochen. Leider ist meine Schwester Cornelia im November 1989 nach schwerer Krankheit in Berlin an Leukämie gestorben. Auch unsere vier Kinder haben stets zu mir gehalten und sind heute alle in guten Positionen tätig. Mein Wunsch, einen Nachfolger für die Bank aufzubauen, erübrigte sich durch die Insolvenz. Das hat mich besonders hart getroffen.

Ich bin froh, daß mir nach der Bank wenigstens noch ein Hobby bleibt, und zwar die Musik. Mein Großvater Victor Schnitzler war langjähriger Vorsitzender der Kölner Gürzenich-Concert-Gesellschaft. Meine Mutter hat als Konzertpianistin mehr als 120 Konzerte im In- und Ausland gegeben. Ihre Schwester Olga-Johanna war Patenkind von Johannes Brahms, wie meine Schwester Cornelia Patenkind von Hermann Abendroth war, dem langjährigen Generalmusikdirektor in Köln. Meine Mutter erhielt ihren Vornamen nach Clara Schumann, die oft im Hause der Familie Schnitzler musiziert hat. Mein Urgroßvater Robert Schnitzler war ebenfalls bereits Vorsitzender der Concert-Gesellschaft.

Ich besuche jetzt wieder häufiger Konzerte, hauptsächlich in Bonn, wohin mich eine musikliebende Bekannte einlädt, mit der ich auch gelegentlich in die Oper gehe.

Schon in meiner Kindheit habe ich das Klavierspiel erlernt und im Kölner Schüler-Orchester Konzertflöte geblasen. Später mußte ich das aktive Musizieren zugunsten meiner Banktätigkeit leider aufgeben. Heute hat die erforderliche Perfektion indes einen solchen

Grad erreicht, daß man ungeheuer arbeiten müßte, um noch etwas zu erreichen. Und dafür bin ich nun leider zu alt.

Dennoch hoffe ich zuversichtlich, am 16. 12. 1993 mein achtzigstes Lebensjahr zu vollenden.